月氏《げっし》の末裔

ユーラシア大陸史のなかの古代日本

三津正人
Mitsu Masato

風詠社

はじめに　～月氏について

日本の宮廷音楽である雅楽は中国の唐を中心とした宮廷音楽の影響が大きいと言われているが、その中核をなすものが、胡楽《こがく》（西域の歌舞音楽）である。その胡楽の中でも最も歓迎されたのが、亀茲楽《きじがく》といわれている。

雅楽で使われる楽器である笙《しょう》、篳篥《ひちりき》、羯鼓《かっこ》、琵琶、箏（そう、こと）すべて胡楽器であり、亀茲楽からきている。亀茲国（きじこく、くしこく、現在のクチャあたり）は西域のタリム盆地にあったオアシス都市国家であり、その祖族はトカラ語を話す月氏である。

月氏は匈奴や東胡などと同じく古代中国の北方周辺にいた遊牧民族であり、紀元前2世紀に匈奴に敗れ、西に逃れて敦煌《とんこう》付近にいたが、漢の文帝の時再び匈奴に追われ、さらに西方にのがれた。イシク湖（現キルギス共和国）の周辺に逃れた部族は大月氏と呼ばれ、南山羌《なんざんきょう》（青海省）付近にとどまった部族は小月氏と呼ばれている。

月氏ははじめから中国北部にいたのであろうか。欧米の研究者によれば、原始インドヨーロッパ人の故地は中央ユーラシアで、具体的にはウラル山脈南部、北カフカスと黒海地域の草原と森林の混在する地域であり、約4000年前にはユーラシア大陸の各地に広がったとされる。このころ月氏も中国に達しており、そのことは原始トカラ人と呼ばれるインドヨーロッパ語族のミイラが楼蘭（クロライナ）のあたりで多く発見されていることからも知られている。原始トカラ人とは月氏のことであり、白人種である。彼らは中央ユーラシアから、中央アジアに入り、中国北西部に達したが、匈奴に追われ再び中央アジアに戻ったというわけである。（タリム盆地におけるミイラの遺伝子調査によれば、彼らは他所から来たのではなく氷河紀からその地に住む人々であるという説が出ている。そうなれば月氏の故地はアルタイ山脈の南、タリム盆地あたりということになる。）つまり月氏はユーラシア大陸でも最も古い民族の一つなのである。

トカラとは月をあらわす中国古代語の tokwar からきており、バクトリアの Tokharoi とタリム盆地の tukhar と月氏は同一であると言われている。（クリストファー・ベックウィズ『ユーラシア帝国の興亡』より）このことが、月氏と呼ばれた根拠の一つとなっている。

その月氏が如何にして日本とつながったのであろうか。そして彼らは古代日本にどのような影響を与えたのであろうか、という疑問に答えるのが本書の目的である。

古代日本には中国大陸の海人族ともいうべき多くの人々が渡ってきている。

さらに中国大陸の戦禍により多くの人々が海を渡り、古代日本の国造りに大きな影響を与えている。引き続き古墳時代に入ると中国、朝鮮半島でツングース系満族の国を作った人々が、倭国の戦力を味方につけるため、倭国に渡り主導権争いをしている。

古代日本は縄文時代から住み着いた縄文人が歴史に登場する日本国を作ったわけではない。ユーラシア大陸の交易・文化と宗教と、果てしなく続く戦闘と民族の移動が古代日本を作ったのである。日本の古代史は日本国内で完結しているものではなく、東アジアのなかで完結しているわけでもない。中央・南・西アジアを含むユーラシア大陸の歴史の中において完結しているのである。

大月氏はアレクサンドロス3世（アレキサンダー大王）が遺したアフガニスタン北部の国、バクトリア王国（中国名・大夏）を征服した。バクトリアの地はパルティア（中国名・安息国）の東にあり、シルクロードの要衝として南はインド、西はエジプト、ギリシャ、ローマ、東は中国などの国々との交易により栄え、当時のエジプトのアレキサンドリア、インド北西部のサガーラなどとともに世界貿易の中心ともいえる位置にあった。その地に大夏を建国した大月氏はここから新しい歴史を生み出していくのである。

中華帝国はずっと遠交近攻の政策をとってきた。邪馬台国の卑弥呼が魏国に朝貢し「親魏倭王」の金印を賜った時、同じく魏国に朝貢し「親魏大月氏王」の金印を賜ったのは大月氏の王ヴァースデーヴァであった。邪馬台国と大月氏国は魏国にとって遠交を結んだ国だったのである。

本書はユーラシア大陸の歴史の観点から古代日本史にアプローチしようとするものである。

月氏の末裔とは誰なのか。どうか本書を最後まで読んでいただき、筆者の主張するところをご理解いただきたいと考える。

拙著が読者の古代史観の新たなる展開に寄与できれば幸いである。

２０２３年10月　三津正人

（追記）

諸説あるが本書に於いては、「天皇」号および「日本」国号は天武朝以降の採用とした。それ以前については それぞれ「大王」（おおきみ）、「倭国」（わこく）または「ヤマト」と呼称した。（倭国とは中国側からの呼称である。）

「月氏」も又、中国側からの呼び名であるが、中央ユーラシアに於ける「トカラ」「トカロイ」「トハラ」などと同義語として併用した。

月氏の末裔　ユーラシア大陸史のなかの古代日本　目次

第二章　陸を駆ける人々　～月氏の故郷を行く……69

第三章　不思議の国、伽耶

装幀　２ＤＡＹ

第一章　海を渡る人々　～月氏は何処から来たのか

◎大陸から来た人々

オーストロネシアへの拡散

ポリネシア諸語は日本語と似ているといわれる。典型的な開音節言語（音節が常に母音で終わる言語）で、音節の構成は「子音＋母音」または母音のみであり、その母音は、「AEIOU」の5種類であり、日本語の「あいうえお」と同じだからである。よくハワイに旅行した人が、日本語とよく似ている言葉があると指摘されることがあるが、同じ開音節言語であり、実際、同じような言葉がよく見つかるからであろう。（特に「ワクワク」「ドキドキ」「イライラ」などの擬態語には共通点が多いと言われている。）

なぜポリネシア諸語と日本語は共通点が多いのだろうか。

それはポリネシア諸語を話す人たちは、中国南部からポリネシアをはじめとするオーストロネシア（ポリネシア、メラネシア、ミクロネシア、台湾、フィリピンなど。オーストロネシアとは南方諸国の意。）に渡っていったと言われているからである。同時に日本列島にも到達している。中国南部の福建省を中心とする地域の言葉は中国七大方言の一つである閩語（びんご・閩とは蛇の意）と呼ばれ、日本語とよく似ている。一から十までの数字の発音は七まで日本語の発音とほぼ同じである。したがってポリネシア諸語のみならず日本語とオーストロネシア諸語には共通点があるのである。

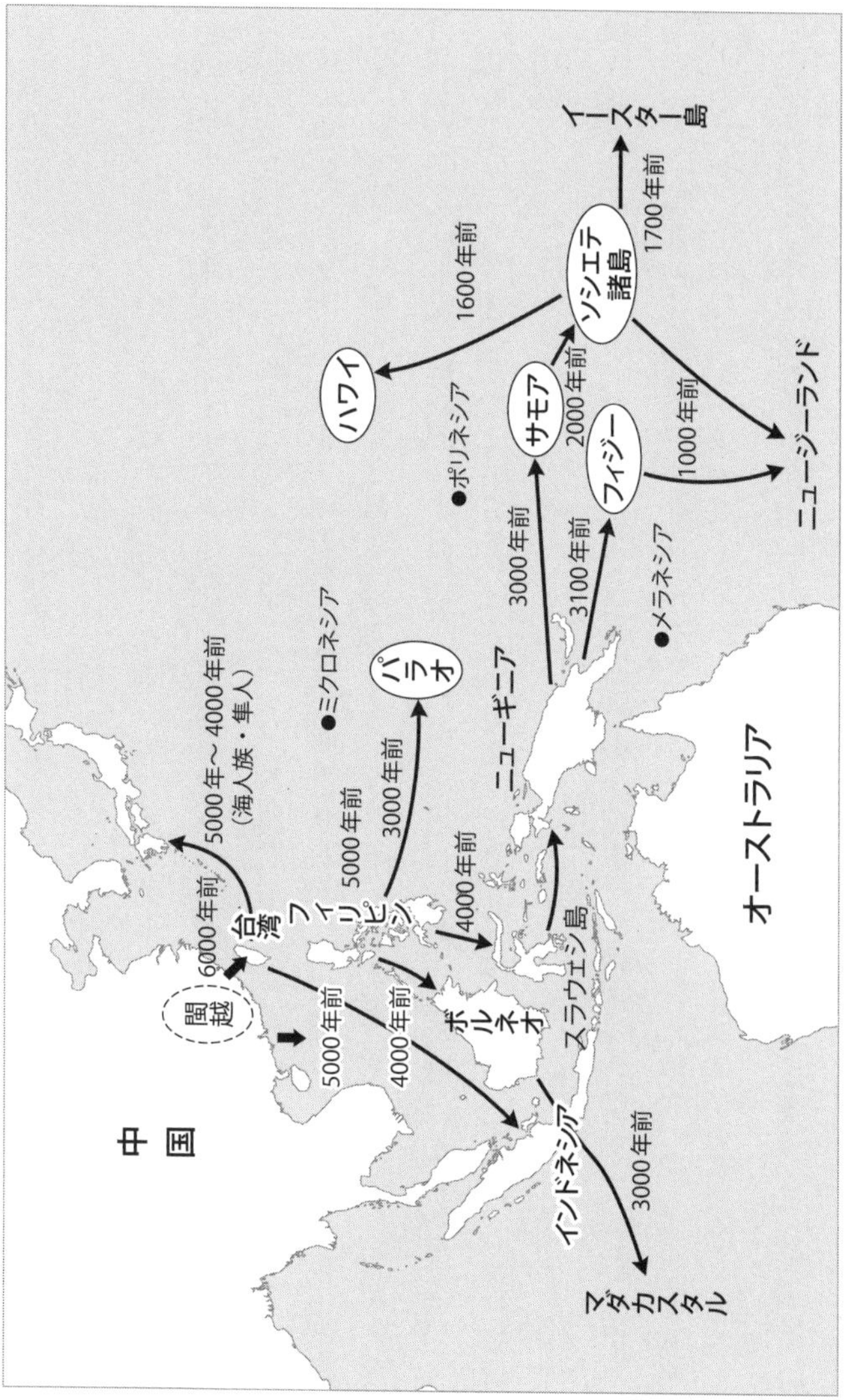

図1　台湾から拡散したオーストロネシア人
（wikipedia “オーストロネシア人” per Benton et al, 2012, adapted from Bellwood, 2011 の図より作成）

遺伝子の研究によれば、約６０００年前に中国（福建省南部）からまず台湾に渡り、約５０００年前にフィリピンやインドネシア、さらには約４０００年前にはインドネシアのスラウェシ島、ボルネオ島に、約３０００年前にはポリネシア、ミクロネシアに到達している。その拡散は西はマダガスタル、東はイースター島、南はニュージーランドにまで達している。

日本列島にはこの頃（約５０００年～４０００年前）に沖縄、奄美大島を通って鹿児島、宮崎に入っている。これが後年、隼人や南方系海人族と呼ばれた人たちである。同時に和歌山県南部、三重県、愛知県、静岡県南西部にも達したようである。

台湾から鹿児島までの海域には南西諸島が連なっている。その島の数は１９８島と言われ、八重山諸島から大隅諸島まで数珠繋ぎのようであり、しかも黒潮は九州に向かって流れているのである。

現代日本人にはオーストロネシア人との関連を示す遺伝子に属する人はほとんどいないとされているが、前述のような共通点があることを考えれば、古い時代には元の部分、つまり中国南部で使われる言葉につながるところがあったはずである。

言語学的には、中国南部の貴州、雲南、広西、四川、湖南省に分布するミャオ族（苗族、びょうぞく。自称はモン族・元来文字を持たない民族である。）の言語はシナ・チベット語族ミャオ・ヤオ語群に属しているが、これをオーストロアジア語族のモン・クメール語群に入れる説がある。おそらくミャオ族の言語はポリネシア諸語のひとつの原点であったに違いない。そしてこのミャオ族（以後、苗族と表記する。）は日本の縄文から弥生時代にかけて日本に渡り、多大な影響を残した種族なのである。

百越からの渡来

長江から南の地方は多くの種族が住んでおり、一般に彼らは越人《えつじん》と呼ばれ、ひとくくりにして百越と呼ばれた。この百越と古代日本との歴史は古く、縄文から弥生時代にいたる頃から百越人は日本に来ていたようである。それも一度や二度ではなく、かなりの人たちが日本に渡ってきているとみられるのである。海流の関係からみればほとんどの船は九州に至ったと思われるが、対馬暖流に乗り日本海側に渡ってきた人たちもいるであろう。

百越は中国側からは蛮国として扱われたが、実際は中央（漢）から左遷された諸侯などが独自の文明を築いており、紀元前１９６年に漢から冊封を受けた南越国の文帝陵からは「文帝行璽《ぶんていぎょうじ》」の金印や玉製の穀璧など様々の遺品が発見され往時を偲ばせる文物が出土している。同じ漢から冊封を受けた国としては、貴州省・雲南省にあったとされる夜郎自大《やろうじだい》の夜郎国（苗族につながるとの見方がある。）がある。（夜郎自大とは夜郎国を訪れた漢の使者に王が「漢と我といずれが大なるか」と尋ねた故事から世間知らずで自信過剰なたとえとされるが、紀元前27年に滅亡した。）

「滇王之印」の金印で知られる「滇国」（てんこく・ディアン国とも）も漢の冊封国であったが、高い青銅文化を持ち、様々なブロンズ塑像を残している。ブロンズ製の家屋は千木《ちぎ》を持ち、南方系の特色を持っている。また雲南省晋寧区石寨山の6号墳から出土したブロンズチャイムは銅鐸によく似ており、銅鐸の原型ではないかといわれている。

これらの国の地理的なイメージは、台湾の対岸が閩越であり、その南が南越国、その西が夜郎国、さらにその西が滇国ということになる。

百越の沿岸に沿うように流れる台湾暖流は対馬暖流となり北部九州と朝鮮半島南部の間を流れる。そして北部九州から出雲、山陰から北陸に向かって流れていくもの、途中から黒潮に乗って九州中南部に漂着するもの、台湾から南西諸島伝いに九州南部に漂着するものもあった。

日本に残る苗族《びょうぞく》の風習

その流れに乗って来たのが苗族であったろう。何しろ苗族の風習と日本の古くからある風習はとても良く似ている。温帯ジャポニカ米を日本に持ち込んだのも苗族であり、苗代を作り田植えを行うコメ作りは苗族から伝えられたのである。その温帯ジャポニカ米は糯米《もちごめ》であり、したがって「餅つき」は苗族から来たのである。そのほか、「糯米の麹で作る酒」、「おこわ」、「チマキ」、「なれ寿司」、「鯉や鮒の水田飼育」、特に正月に残る習慣はほとんど苗族からきている。「羽根つき」、「竹馬」、「鏡餅にアワビや昆布を飾ること」、年初の三が日にはおせち料理を食べ、その三日間は女性は家事をしない、などすべてそうである。

また彼らは「お歯黒の習慣」があったと言われている。お歯黒は苗族だけの習慣ではないが、イネ科の植物であるマコモダケという中華料理などに使われる筍のようなものでマコモダケの根本の茎が使われるが、この茎が黒くなったものを染料として歯を染めるのがお歯黒である。明治期まで続いたお歯黒のルーツは苗族から来たのではないかと考えられる。

コメ作りが苗族などの越人から伝わったということはジャポニカ米の遺伝子解析からも言われており、温帯ジャポニカは中国湖南省に生まれ、上海付近のデルタ地帯に広まったとされている。この地方で栽培されているイネの60％近くにはＲＭ１‐Ｂと呼ばれる遺伝子が存在するが、日本で栽培されているイネ、特に西日本で栽培されているイネの多くはこの遺伝子を持っているとのことである。

熱帯ジャポニカ米の伝播

しかし最近の研究では、この温帯ジャポニカよりも早く、焼畑のような原始的な栽培を行う陸稲が先に日本に入ってきたと考えられている。この陸稲は熱帯ジャポニカであり、アジアでは大陸の山地部、マレー半島、フィリピン、インドネシア、台湾などの亜熱帯、熱帯地方に分布していたものである。

稲の考古学的な分布状況を見れば、東北の弘前市の砂沢遺跡より出土したコメは約2200年前のものとされ、さらに青森の清水森西遺跡では3000年前のコメが出土したと言われており、この青森のデータが正しければ、稲の伝播時期に対する見方は従来考えられてきたものよりずっと早かったということになる。

国立遺伝学研究所の佐藤洋一郎氏によれば、この東北の遺跡から出土したコメは温帯ジャポニカと熱帯ジャポニカの交雑による組み換え型の早生品種が北上したのであろうと考えられるとのことである。

そうすると温帯ジャポニカも少なくとも3000年前には日本に来ていたことになり、熱帯ジャポニカはそれよりも早く来ていたと考えられるが、そのことはこれまで述べた中国南部から台湾に渡りインドネシアなどの南方に渡った人たちが日本に到達し（およそ5000年～4000年前）、かつその人たちは熱帯ジャポニカを携えてきた可能性があることになる。先述のごとく静岡県南西部にも到達しているので東北地方に北上しても不思議ではない。岡山県岡山市の朝寝鼻貝塚からはおよそ6400年前の陸稲のプラントオパール（植物に蓄積される珪酸体化石）が発見されている。

従って稲の伝播は、熱帯ジャポニカを基準にして考えるとおよそ4000年以上も前ということになり、温帯ジャポニカを基準にして考えると、少なくとも3000年前ということになる。これらのことは弥生以降に視点を置いた稲作伝播を、縄文時代に視点を置かなければならないことを示している。

中国の会稽近くの河姆渡《かぼと》遺跡では7000年前の熱帯ジャポニカ（陸稲）が発見されている。この河姆渡遺跡を含む1万6000年前から3000年前の間の長江流域の文明は長江文明と呼ばれ、日本の稲作の原点もここにあるとみられている。

戦争による渡来

江南（長江の南）からは戦争やそれに伴う渡来が多く起こっている。

主なものは

1、呉越戦争による呉国の滅亡（前473年）
2、楚越戦争による越国の滅亡（前306年）
3、秦による百越の征服（前221年から前214年）
4、漢の武帝による百越の征服（前111年）

である。いずれも2500年から2100年前であるが、このころに江南の民の移動が起こったと考えられる。

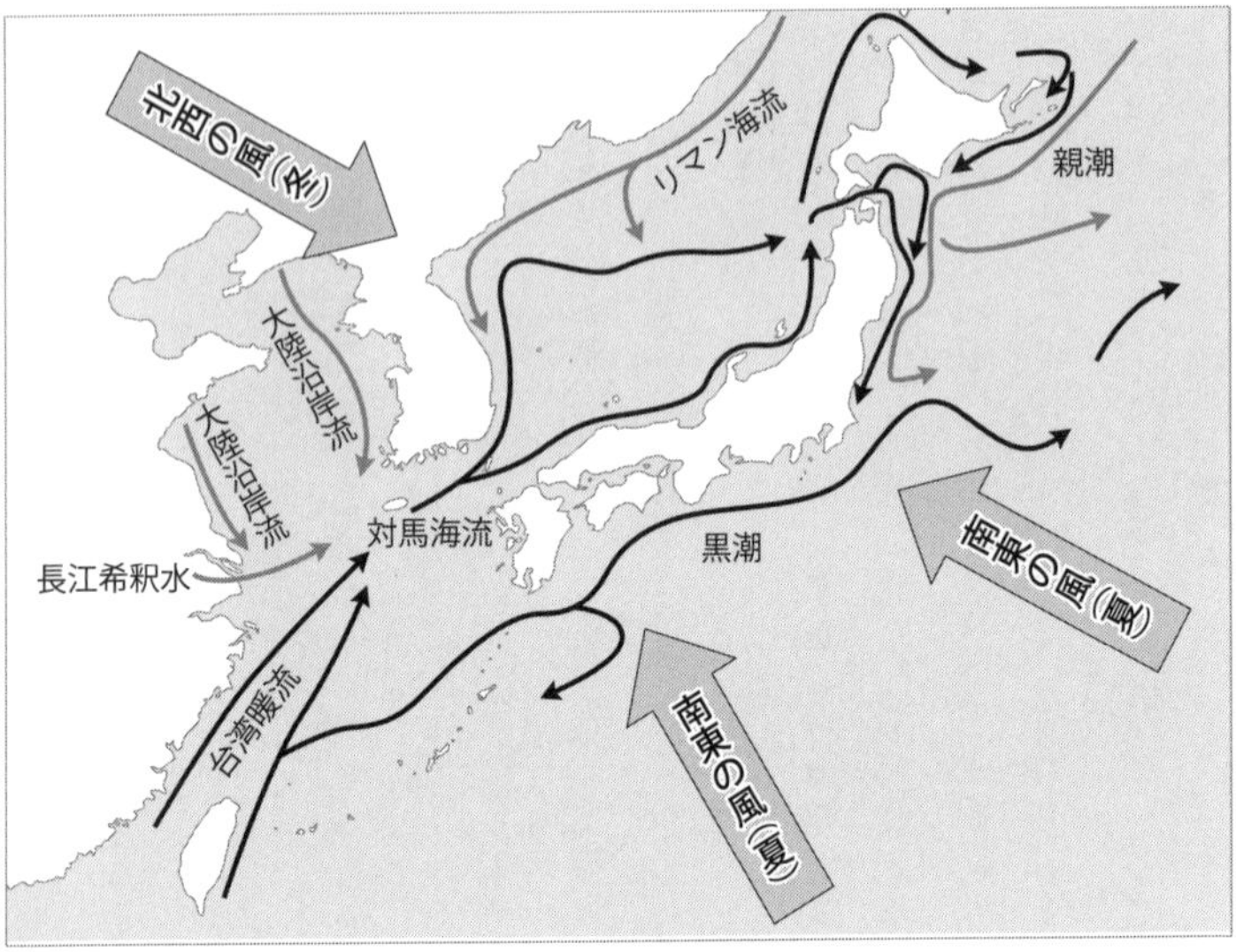

図２　日本の海流と風向き（環境省「日本周辺の海流と風」より作成）

なぜ百越はこのように戦争の舞台となるのか。江南は広大で肥沃な土地で稲の栽培に適した土地であり、象牙や翡翠《ヒスイ》、真珠やサンゴや亀甲などを特産品として産する。なおかつ前述のごとく百越の民は大陸の海人族として南シナ海や東シナ海に進出し交易による富を築いていた。その富を巡って争いが生じたのと、特に中華の帝国にとっては江南の特産品は魅力的な宝物であったからである。

さらに中華の帝国は戦争になると、この南部地方で人狩りを行い、兵士を集めたといわれている。逃げるしかない人々は海を渡り、日本にやってきたのである。

もともと会稽の港から九州までは海流に乗れば二日で着くといわれている。

呉から北部九州へ

春秋戦国時代を生きた孔子は論語の中で、
「泰伯は其れ至徳と謂うべきのみ。三たび天下をもって譲る。民得て称することなし。」
と言っている。

泰伯とは言うまでもなく呉の太伯のことであるが、孔子が至徳と称した人物はそうそういるものではない。

司馬遷の史記によれば、周の古公亶父《ここうたんぽ》の末子の季歴《きれき》が優れて英明の評判が高かったため、長男の太伯と次男の虞仲《ぐちゅう》は弟の季歴に後継を譲り、自らは呉の地に流れていき、呉の王となった。その折、太伯と虞仲は全身に入れ墨をして、二度と中華の国には戻らないという意思を示したという話が残っている。

その呉国は夫差が王の時、越国と戦争になり、越王勾践を追い詰め勝利するが、殺さなかったため、後年、逆に越国に滅ぼされることになったとされる。臥薪嘗胆である。

この時、呉の王家の一族（姫姓の人々）は日本に逃げたという説が倭人は呉の太伯の末という話の根拠となっているわけである。紀元前473年のことである。さらに倭人は自ら「呉の太伯の末裔」と称したとする話や、大宰府に残る『翰苑』（かんえん・唐時代の文献）に倭人は「文身黥面　猶　太伯之苗」とあるところから倭人は入れ墨をした太伯の子孫とする説が有力な説として存在する。

地理的に見て呉人は九州北中部に逃れたと考えるのが順当であり、九州には中国からやってきたとみられる多くの痕跡が存在する。彼らがのちの奴国や邪馬台国の構成員であったことは十分考えられる。

ただし倭人がすべて呉人の子孫というわけではない。あくまで倭国の構成員の一つであるということ以上にはならない。また呉から来た人がみんな呉人というわけでもないと思う。

その後、紀元前334年には楚の威王の遠征により越は敗北し、越王の無彊《むきょう》は逃亡してしまう。そして紀元前306年頃までには楚の懐王によって越の国は滅亡してしまうのである。

越《えつ》から出雲へ

そうすると今度は越の一族が日本に逃れてきた、という話になるが、北部九州が呉から来た人たちということになれば越の亡人達は何処に逃れたのであろうか……対馬暖流に乗って北部九州を過ぎれば次に着くのは山陰や北陸である。越の人たちはまず出雲に到着したはずである。

越国は銅の生産技術に優れており、銅鐸の原型とみられる青磁の鐸が無錫市の越の貴族の墓から出土している。（先述の如く雲南省からも出土している。）

出雲の荒神谷遺跡では358本の大量の銅剣が出土し、加茂岩倉遺跡からは39個の銅鐸が発見され話題を呼んだが、出雲が明らかに青銅器文化の越を継承する国であることを示している。

古志《こし》の国とは一般に若狭湾から新潟県までの間の国とされているが、出雲に属する国々であったようである。「古志」は「越」の裏返しである。

日本海側が日本の表玄関であった時代、出雲は倭国を代表する国のひとつであったであろう。しかし出雲はヤマトが進出する前は三つの地域に分かれていたと言われ、半島西部の杵築大社を祀った地域と、西出雲の山間部の素戔嗚《スサノオ》を祀る地域と、東出雲の意宇《オウ》の熊野大社を祀る地域に分かれる。これは杵築大社は海人族で、西出雲は韓半島からの韓鍛冶勢力（素戔嗚命を祀る。）、東出雲は元々いた意宇の勢力とみられているが、最終的にはヤマトの進出により、まず杵築の勢力を排除、続いて意宇の勢力の協力を得て素戔嗚を祀る西出雲を征服して、出雲は統一され、杵築大社に移ったとのことである。（水野祐氏による。）この杵築大社を作った元々の海人族の勢力が越から来た人々ではないかと考えられる。

また古志は翡翠《ヒスイ》を特産としたが中国では閃玉（せんぎょく・軟玉）とよばれ、新疆の崑崙山、天山、青海省、甘粛省、古代越の地域では江蘇省、四川省、などが産地として有名である。日本では輝玉とよばれる硬玉が新潟県糸魚川に産する。糸魚川の翡翠は縄文時代から採取されているが、古志にわたった越の人たちは翡翠の価値を知っており、重要な交易の材料として活用したものと思われる。翡翠は時代によっては金よりも価値が高いとされた。

出雲の八千矛神（大国主命）が古志の沼河比売《ヌナカワヒメ》に妻問した神話は出雲が翡翠を手に入れようとしたことを示している。この越の銅と翡翠（玉、ぎょく）の文化がそのまま出雲に伝わったのである。

徐福の渡来

大陸から渡ってきた人たちでもう一つ注目すべきグループがいる。司馬遷の『史記』巻百十八には秦の始皇帝に「東方の三神山に不老の寿薬がある。」と具申し、始皇帝の命により三千人の童男童女と百工を連れて、財宝と五穀の種をもって東方に船出した徐福のグループの話が出ている。時は紀元前２１９年（第1回）と紀元前２１０年（第2回）と言われ、出航地は河北省秦皇島市とも浙江省寧波市ともいわれている伝説上の話であり、真偽は確定できないが、秦の時代大陸から大勢の人達が渡ってきたことは事実であろう。

日本にも徐福渡来の伝承が多く残されており、三重県の熊野、和歌山の新宮市、佐賀県の諸富町、福岡の八女市、愛知県名古屋市などに残されている。童男童女、百工、財宝、五穀の種子となれば、明らかに移住が目的の渡来であろう。

中国の浙江省には徐福が名付けたと言われる岱山《たいざん》がある。山東省にある泰山《たいざん》は皇帝が天と地を祀る封禅の儀が行われた霊山であるが、浙江省舟山諸島に至った徐福は、その地の山を見て泰山のごとき山と称したと伝えられる。しかし地元の人たちは皇帝が祀る泰山に憚り、岱山と呼んだと伝えられている。この岱山をみてから（浙江省会稽のあたりから）徐福は東海をめざして船出したのである。九州の有明海には小岱山という山がある。泰山と同じ花崗岩の山である。中国から有明海に着いた人々は故郷の岱山を偲んで小岱山と名付けたのであろう。この有明海の菊池川上流に築かれた国が狗奴国と呼ばれたのではないかということについては前著で述べた。

秦の時代に渡来した人たちがどのようになっていったのかは知る由もないが、日本には波多、秦、羽田など、ハタ姓を名乗る人は多く、百工（技術者）を連れてきたとあるので、古代日本の重要な産業を構成する勢力となっていったことは十分想像できる。

◎韓半島から来た人々

鉱物資源を求めて　～伽耶から来た人々

海を渡った人々は中国からだけではない。日本に最も近いのは韓半島南部や半島東部の国々である。当然ながらそれらの地域からは古くから北部九州や日本海側の山陰、北陸や畿内にも渡ってきている。彼らは戦争や紛争から逃れてくるというよりも、新天地を求めて、鉄や銅や水銀朱などの鉱物資源を求めてやってきたのである。

筆者は北部九州には「呉」から、出雲には「越」からきていると述べたが、それは紀元前5世紀から前1世紀の頃の話である。その後、出雲西部には韓半島南部にいた伽耶勢力が進出したのではないかと考えられる。『島根県の地名鑑』によれば荒茅《あらかや》、茅原《かやはら》、加阿羅などの地名が散見され、そのほか荒木（阿羅き）姓が多く存在する。出雲西部は素戔嗚が進出し、その何代かあとに大国主命が出て出雲の国を作ったところだが、伽耶勢力の拠点となっていたようだ。

日本書紀によれば垂仁大王の時（おそらく4世紀初め）に大伽羅国の皇子・都怒我阿羅斯等《ツヌガアラシト》が敦賀にやって来て、「日本国に聖皇ありと聞きてやってきた」とある。聖皇とは崇神大王のことであるが、すでに亡くなっていたので、敦賀に三年間とどまり垂仁大王に仕えたのち帰国し、その際、帰ったら汝の国の名を崇神大王の名前の御間城《ミマキ》とせよと垂仁大王から言われ、それが任那の名前の起源となったと記されている。記紀の地名の由来の記述はあまり信用できないが、崇神大王の名前のミマキイリヒコについては任那の城から来たという意味で一考の価値があると思う。

ここで都怒我阿羅斯等《ツヌガアラシト》が崇神大王を尋ねてやってきたのは崇神大王が都怒我阿羅斯等と同じ民族の出自であることを示していると筆者は考える。所謂、古代における民族ネットワークである。それは古代では、民族が生き残るための知恵となるのである。（大伽羅国とは金官伽耶国か大伽耶国の事であろう。）

同じ垂仁紀に、新羅国の皇子と称して天日槍《アメノヒボコ》が渡来し、但馬・出石に住んだという話が出ている。この二つの話は同一人物の可能性もあるが、渡来の目的は鉱物資源、特に鉄を求めてやって来ている。天日槍を祀る出石神社近辺の古墳からは被葬者のそばから、袋に入った砂鉄が発見されている。この二人に付属する話に白い石とか赤玉などの話があるがこれも玉をもとめてやってきたことを言っているのであろう。勿論彼らは個人ではなく集団で来ている。彼らは穴師とよばれ、畿内にも進出している。奈良の纒向には穴師坐兵主神社、大兵主神社があり、その祭神は天日槍である。

なお新羅建国は382年であるので、それ以前であれば、伽耶諸国または斯盧国《しろこく》、それ以降であれば新羅国ということになる。

韓半島からは北部九州にも鉱物資源を求めて新羅から渡来している。豊前の香春《かわら》は古来、銅の産地として有名であるが、『豊前国風土記』に「香春は新羅より来る」とある。（新羅とあるが、伽耶・伽羅の事を言っているのである。）豊前は已百支国《イオキコク》と想像できる五百木入彦《イオキイリヒコ》の国でありその子誉《ホム》田真若《タマワカ》の三人の娘は応神大王の后となっている。

香春の採銅所の現人《アラシト》神社の祭神はツヌガアラシトである。このことは鉱物資源を求めてきた集団は、豊前、敦賀から但馬、近江から畿内に入ってきている事になる。また豊前豊後の国は豊の国と呼ばれるがこの豊という字は6世紀にはカラと発音していたという説がある。あくまで説であるが、「香春は新羅（伽羅）から来た」という豊前国風土記の記載からみれば可能性はあると思う。

なお「香春」は本来は伽羅の事であり、伽羅を「カーラ」と呼んだ為に香春の字が当てられたと思われる。香春はかわらと発音したのである。更に言えば「香」の字はカラとしてつかわれていることがあり、天の香といえばカラ（伽羅）のことを言っていると筆者は理解している。（天香具山、天香子すべてそうである。神武陵のある橿原市の地区を「香具山」とよぶのも関連があるものと考える。）

豊の国の人々は少なくとも初期においては伽羅（伽耶）からやってきて自分たちの国をカラと呼んだのかもしれない。（風土記などで新羅と言っている場合、新羅は金官伽耶を中心にできた国なので、金官伽羅の事を指していると考えられる。第三章を参照。）

敦賀、若狭から入った三国の三尾氏《みおし》は継体大王の母、振姫の実家であるが、その古墳からは伽耶風（一般には新羅風と言われるが、伽耶のものである。）の冠が出土している。この冠は金官伽耶の流れを汲むもので、遠く月氏に繋がるものである。琵琶湖の西岸の三尾氏の本拠地、高島市は鉄資源で栄えたところであるが、ここには鴨稲荷山古墳がある。この古墳は後出の藤ノ木古墳には及ばないが、伽耶の特色を如実にあらわす豪華な、金銅製冠、環頭大刀、歩揺のついた金銅製履、金製耳飾り等々が出土している。これは三尾氏が伽耶から来た王族から出ていることを明確に示すものである。

これらの事は、伽耶は豊前、丹後、敦賀、福井、近江などにも進出していたことを示しており、彼らは鉱物資源を求めてやってきたことを表している。

金官伽耶の金氏はもともとイシク湖周辺で金の採掘をしてきた月氏の子孫とみられ、同時に、銅の生産においても月氏は早くから精錬技術を持っていたとみられる。バクトリア、ギリシャの金工芸品、金銅製品からも大きな影響を受けており、その流れが金官伽耶の金銅製品に生かされているのだと思う。

敦賀湾の入江の波は琵琶湖よりも穏やかと言われており、渡来する船にとっては格好の港であった。敦賀湾付近にある氣比神社の実の祭神は天日槍とみられており、その摂社は都怒我阿羅斯等を祀っている。敦賀湾入り口にある二つの神社は、新羅神社と白城神社でありこの地域が新羅・伽耶の強い影響下にあったことを示している。

素戔嗚《スサノオ》とは何か

韓半島から来た人物と言えばもう一人、素戔嗚命に触れなければならない。

「素戔嗚命」については、なにしろ天照大神の時代から登場する神であり、神話では高天原《たかまがはら》からソシモリ（諸説があるが、高霊の牛頭山のことと考えられる。）に降りたが、「此の地には居たくない」

と言ってそこから舟に乗り、出雲の国の斐伊川の川上にある鳥上の峯に至り、そこで大蛇退治をしたことになっている。

素戔嗚についての記紀の記述と、出雲国風土記の記述とは異なるところもあるが、息子の五十猛命《イソタケル》とともに、出雲にやってきた素戔嗚の子孫である大国主命が「天の下造らしし大神、大穴持命」となるのである。（大穴持とは多くの鉱山を持っているという意味に解釈される。）全国の素戔嗚を祀る神社は一説では八千社あるという。しかし素戔嗚の実態はよくわかっていない。

素戔嗚は様々な人物が投影され、色々な役割を持たされているのである。

祇園祭で有名な八坂神社もまた素戔嗚を祀る神社である。しかし祇園精舎はインドのコーサラ国（※）にあり、仏陀が説法を説いたところである。祇園祭では山鉾にペルシャ絨毯などが飾られ、西アジア色が出ているが、素戔嗚が祇園精舎とつながり、シルクロードと繋がるからということであろうか。

しかし本来仏教の聖地である祇園精舎が神社で祀られるというのもおかしな話である。しかもその祭神は素戔嗚であり、祇園社を守る牛頭天王《ごずてんのう》ということである。牛頭天王は神仏習合の神ともいわれ全国の祇園社の祭神であるが、素戔嗚イコール牛頭天王であるとも言われている。また牛頭天王はインドの神インドラのことであり、中国に渡り帝釈天となったとも言われている。インド最古の聖典『リグ・ヴェーダ』によればインドラ神は軍神であり、世界守護の神であり、雷神である。牛頭天王がインドラ神と繋がるのは守護神としての意味からであろうと思われるが、素戔嗚が牛頭天王と言われるのは守護神であるとともに、荒ぶる神（すさぶるかみ＝須佐之男）雷神として捉えられているからであろう。神話の中で語られているスサノオはまさに荒ぶる神であるが、舎衛城において祇園精舎の守護を行っていた部族ということであろうか。

　高霊の伽耶山はかって牛頭山（ごずさん・ソシモリ）と呼ばれていたという説があり、牛頭天王が素戔嗚であれば、素戔嗚は伽耶の高霊ともつながることになる。

　神話は時の支配者に都合よく作話されるのでそれを探究しても意味はないと思うが、出雲には韓半島から来た素戔嗚（須佐之男）と呼ばれた人物がいて、その子孫である大国主命が出雲を中心とする国造りを行ったことから、天照大神につながる神話が展開されたとも考えられる。そのため嵯峨天皇のように素戔嗚命を皇国の本主として崇め、津島神社（社伝によれば、欽明天皇元年にこの地に鎮座とある。主殿には素戔嗚命、相殿には大国主命を祀る。）を作った天皇まで現れた。神話は独り歩きするのである。

　素戔嗚が祇園精舎の守り神であればインドのコーサラ国とも繋がることになるが、そこは筆者が貴霜《クシャン》翕侯《きゅうこう》に敗れた大月氏の一部が逃れたと想定している処である。

　素戔嗚はインドから伽耶と繋がり、伽耶から出雲と繋がっているのである。

広島から出雲、山陰、北陸にかけて「四隅突出型古墳」なる古墳が存在する。弥生時代中期

（紀元後1世紀）から3世紀頃に建設されたと言われている、四隅が伸びた特異な方墳であるが、この古墳は何処の国の墓制なのかまだ答えは出ていない。面白いことにこのタイプの古墳は九州にもヤマトにも韓半島にも存在しないのである。一説には高句麗ではないかとの話もあるが、高句麗の基壇式またはピラミッド型のものとは全く違う。ただ基本は方墳であり、方墳の発展形であることには変わりがない。前方後方墳も方墳に祭壇部が付いたものと考えられるので方墳の発展形である。

素戔嗚が韓半島のソシモリ（高霊？）から最初にやってきたのは「安芸」（紀に素戔嗚命天より出雲国の簸《ひ》の川上に至る。とあり、第二の一書では安芸の可愛の川上とある。）であるが、この四隅突出型古墳は広島の三次盆地から始まり、出雲に至っている。つまり素戔嗚がやってきた安芸に近く、素戔嗚の集団の墓制の可能性があるが、伽耶の墓制とは異なる。

四隅突出型古墳はヤマトの登場とともに終わる。

出雲の時代は

・越の時代……紀元前4世紀〜1世紀
・素戔嗚の時代……紀元後1〜2世紀
・大国主の時代……2世紀〜3世紀末（この時代は邪馬台国の時代、つまり共存していたことになる。）
・神武の東遷……3世紀末

・ヤマトの時代……4世紀より
となる。

※　コーサラ国とはヒマラヤ山脈の南、インドの北中部にあり、現在のウッタル・プラデーシュ州にあった古代国家である。（紀元前12世紀頃～紀元前1世紀頃）ガンジス川中流域にあり1世紀頃には隣国のマガダ国に併合された。（諸説あり）日種族の始祖王であるイクシュヴァーグ王の時代の首都はアヨーディアであり、紀元前6～5世紀の首都はシュラーヴァースティー（舎衛城）である。シュラーヴァースティーは祇園精舎のある処であり、仏陀生誕の地ルンビニ（ネパールに属する）に近いところである。コーサラ国は仏陀が活動した国であり、仏教とも関係が深く、後述するが、古代日本とも深く関係した国である。

◎神の社は南方系

神社は何処から来たのか

日本にある神社の数は10万社以上とも言われ、寺よりも多く、神社は日本人の日常に深く溶け込んでいる。この神社は何処から来たのであろうか。

神社は一目みればそれが神社であることがわかるように作られている。

神社建築の代表は出雲大社の大社造り、伊勢神宮の神明造り、住吉大社の住吉造りの三つと言われており詳細は異なるが、基本は変わらない。

基本は、「高床式建築」であり、屋根には「千木《ちぎ》と鰹木《かつおぎ》」を備え、入り口には「鳥居」があるということである。この三つが揃えば神社ということになる。（きわめて少ないが例外は存在する。）

しかし極めて特異な建物である。これは何処から来たのであろうか。

そのルーツは江南、百越にあるに違いない。

まず高床式建築であるが、これは亜熱帯地方にごく普通にみられる建築方式であり、毎年のようにやってくる雨季の洪水に対応するためには高床式にするしかないというのが現地人の考え方である。通常は一階には家畜を飼うか、なにもない空間となる。二階は住空間となり三階は穀物など大事なものの保管庫となる。百越を含めモンスーン地帯にはどこにでもあるものである。

出雲の大社造りの建築は、二階に上がる階段に屋根をつけたインドネシアの高床式住居に類似している。

次に千木と鰹木であるが、これも雲南省のワ族（南アジアの少数民族）や、タイ北部（ラワ族、アカ族、カレン族など）で現在でもみられるものであり、比較的立派な家に採用されているようであ

図３　千木のある高床式建築（出雲大社本殿）
写真：Daikegoro / PIXTA（ピクスタ）

図４　タイの千木のある高床式建築（ランナータイの農家）
写真：天望　写楽 / PIXTA（ピクスタ）

る。古くは百越の地域でも採用されたであろう。（一説には雲南省にあったおよそ4000年前の滇《てん》王国の建物から来たという説がある。滇王之金印で有名であり、滇族は苗族の祖という説もある。）

「鳥居」については萩原秀三郎氏がその著『稲と鳥と太陽の道』のなかで詳しく述べられている。氏によれば苗族は新年になるとジーニュイニャオという鳳凰に似た木彫りの鳥を止まらせる柱または竿を立てる。その上のほうに牛の角のような横木をつけるが、これが鳥居の原型に近いとのことである。新年にはそのトンカーと呼ぶ柱の周りを左回りで回り踊るのだそうである。

神社の鳥居はなぜ鳥居というのか。それは組んだ木のてっぺんに鳥がいるからである。この鳥は他界から鳥の姿をして幸福や豊穣をもたらすためにやってきた祖霊のシンボルとされているのである。氏によればさらにこのことは苗族の太陽信仰につながっているとのことである。長江文明（約16000年前～3000年前、後の呉、越、楚の祖といわれる。）では太陽と鳥が描かれた土器が多数出土しており、太陽と鳥が信仰されていたことがわかる。

日本の神社の鳥居は今では様々な意味を持たされ結界の印のように使われたりしているが、もとは鳥のいる柱のことであり、したがって「鳥居」という言葉がいまでも使われている。その原点は苗族の信仰にあるのである。

これで神社建築の三点セットがすべて南方（百越）にあることが分かったが、出雲が越から来たとすると越の建築様式（おそらく王族の）が、高貴の者の家屋のシンボルとして出雲に残り、それが神の社に採用されていると考えれば納得がいく。『日本書紀』の雄略紀に、志幾の県主が屋根の上に鰹木を載せているのを見て、「天皇御舎に似せて作るとはけしからん、燃やしてしまえ」と雄略が言っているので、天皇（大王）の住居には鰹木（多分千木も）があったに違いない。

浙江省紹興市で発見された越王允常の合嘗型木槨墓はまさに南方系家屋の特徴を備えているかのようであり、そのことを象徴しているように思える。

また日本の神社の鳥居の多くは朱で塗装されているが、これは腐敗防止という面と、朱で赤く塗ることが魔除けや神につながると考えられたためだと思う。古墳の棺の内側が朱で塗られているのと同じである。日本は当時、水銀朱（硫化水銀）の世界有数の産地であったことも影響したであろう。

日本書紀にはヤマトが大国主命に国譲りを迫った時、「顕露のことは皇孫が治めるので、神事は汝が治めよ。」と言ったことになっている。つまり祭祀のことは出雲に任せるといっているので、ヤマトの祭祀は出雲に倣ったのではないかとも考えられる。出雲の祭祀といっても実際は越の地域は呉越混交しているので、商・周の祭祀も混ざっているのであろう。

重要なことは、神社の原型は江南、東南アジアから来たと考えられることである。

◎南方から来た人々

ヤマトは日向から始まった　～前方後円墳と地下式横穴墳墓

天孫降臨神話から言えば天孫瓊瓊杵命《ニニギノミコト》は日向の襲の高千穂の峯に天降ったことになっている。（古事記によればクシフル峯とある。）この日向（ひゅうが・古くはひむか）とは宮崎県の日向のことであろうか。記紀を見る限り間違いなく宮崎県のようである。神武はこの日向に海神の娘、玉依姫を母とし、天神の子、鸕鷀草葺不合命《ウガヤフキアエズノミコト》を父として生まれ、妃は日向の国の吾田邑の吾平津媛であった。出てくる地名はすべて宮崎・鹿児島のものである。日本の建国神話では宮崎日向の海岸で伊邪那岐命《イザナキノミコト》が禊祓《みそぎはらえ》を行った時、左の眼から生まれたのが、天照大神であり、右の眼から生まれたのが月読命《ツクヨミノミコト》、鼻を洗った時に生まれたのが建速素戔嗚命《タテハヤスサノオノミコト》ということになっている。つまり天照大神は日向に生まれたことになり、そののちの天孫降臨も日向で行われたのである。

古代日向の国は日向、薩摩、大隅を含む広大な国であり、天照大神や神武王朝とつながる特別なところであった。日向国には朝廷の牧場が置かれ、牛馬飼育が盛んにおこなわれていたようである。そのため日向国主の諸県君《もろかたのきみ》は古代のヤマト朝廷を支え続けたのである。

天皇家の始祖王といわれる神武はこの日向を出て筑紫の宇佐に行き、崗水門、安芸の国、吉備の国と訪れ、戦準備を整えて大阪湾を目指すのであるが、神武が東遷のときに訪れ長期滞在した地は言わば同族の地であろう。さらに神武と饒速日《ニギハヤヒ》は同族の可能性があること、吉備は伽耶の特色を持っていることも重要である。先述した古代の民族ネットワークである。

日向の古墳群には建造期が3世紀中頃から末期にかけての前方後円墳があり、それらは時期的に見て、神武一族のものとみられるものである。なかでも生目古墳群・西都原古墳群には、神武一族を知るうえで、いくつかの重要な点があるが、まず西都原81号古墳の存在がある。2005年の宮崎大学の調査により発表されたこの古墳は建造期が3世紀中頃から末期とされ、卑弥呼から台与の時代の纏向の箸墓やホケノ山古墳と同じ時期のバチ型の前方後円墳である。また生目古墳群の1号古墳も3世紀後半のものとされている。

これは日向には3世紀に初期の前方後円墳を作る部族がいたことを示しており、年代的に見てそれは神武一族の時期と合致する。

神武は宇陀地方から侵攻し磐余《いわれ》に初めてヤマト政権をたてたと言われているが、その磐余には茶臼山古墳がある。この古墳は柄鏡式古墳《えかがみしきこふん》であり、神武の時代の日向の生目古墳群とほぼ同じ様式であることを考えれば、神武一族が日向からヤマトへ侵攻した史実の証となるであろう。

神武一族は畿内に東遷後、この前方後円墳を自らの墓制のシンボルとしたのであろう。なぜ前方後円墳なのかということについては前著でも述べたが神武一族の時代はまだシャーマンの時代であり、円墳にシャーマンの祀りの場を付属させたのが前方後円墳となったと筆者は考えている。〈日高正晴氏によれば、江戸時代末期に児玉實満が『笠狭大略記』において前方部には祭壇所（官幣所）を設け祭祀を行ったと記載して前方部祭壇説をのべているとのことである。〉

しかし日向にはもう一つの墓形がある。それは地下式横穴墳墓である。この地下式横穴墳墓は地面を垂直に掘り、更に横穴を掘って墓室を作る方式であり、地上には目印も何もない地下式墳墓である。日向から南のほうは鹿児島の大隅半島にまで分布している。この墳墓にはまだ解明されていない部分が多いが、現在発掘されているものは、5～6世紀のものとされており、数も1000基を超える。通常、隼人の墓とされているが、反論もある。副葬品のなかには馬具・甲冑があり、騎馬軍団であることがわかる。

円墳のそばに複数設置されていることが多いので、首長に仕えた人たちの墓（陪塚）とも考えられるが、日向から南の大隅地方に分布していることを考えると、彼らは南方からやってきたと考えられる。

この地下式横穴墓は独自のものとみる見方もあるが、見方によれば伽耶の墓制と似ているともいえる。どちらも地下に墓室を作り、短辺から出入りできるようになっているからである。

西都原古墳研究所長の日高正晴氏の『古代日向の国』にも、日向の地下式横穴墳墓は伽耶の大邱市達西古墳55号、咸安末伊山古墳34号、高霊池山洞古墳32号～35号に類似していると書かれている。ただし伽耶から日向にやってきたのではなく、どちらも南方からやって来てそれぞれ独自に発達したとみるべきだろう。

地下式墳墓は中央ユーラシアの視点で見れば、スキタイ、匈奴、月氏と繋がる遊牧騎馬民族のものであり、伝わった時期が紀元後であることを考えれば、遊牧騎馬民族の墓制が中国江南を経由して伝わったと考えるのが妥当であろう。

神武一族は九州南部から東南アジアの特徴を色濃く持っている。

神武を助けてヤマト入りした久米（来目）の集団は目の縁に入れ墨〈鯨利目・さけるとめ〉があったとの記録があり、さらに彼らの戦闘の勝利の舞である久米舞は隼人舞と同様、南方の部族を思い起こさせるからである。久米の集団は南西諸島の久米島や沖縄本島の久米村につながるため神武一行は南方から島伝いに来た可能性がある。

雅楽で有名な久米舞は神武が奈良の宇陀にはいり、久米集団が土蜘蛛を退治した故事にちなんで作られた舞である。久米部衰退の後は大伴氏が琴を弾き、佐伯氏が刀を持って土蜘蛛を切る仕草をして舞う久米舞となっている。

なお雅楽には大唐楽《だいとうがく》などとともに度羅楽《トらがく》という舞楽があり、中央アジアに由来する楽といわれているが、この度羅楽という名前はトカラから来たと筆者は考えている。〈渡辺信一郎「雅楽の来た道‐遣唐使と音楽」によれば、「舞楽の曲名を考慮すると、度羅楽、林巴楽（ベトナム）はともにインド・西域系の音楽であり、これらの地方から中国・唐を経由して日本に伝わったものと考えられる。」とある。〉

神武の墓と台与の墓

桜井茶臼山古墳は東遷して桜井—磐余に拠点を置いた神武天皇の墓の可能性がある。最近になって桜井茶臼山古墳では百枚以上の銅鏡が発見されているが、銅鏡を威信材としたヤマトの大王のものとも考えられる。「イワレヒコ」の名前も地名からきている可能性があり、建造時期も3世紀末と言われているので、神武東遷が270年頃として考えるとピタリ一致する。何よりもこの古墳は前方後円墳の中でも古式に属する柄鏡型古墳であり、西都原古墳など日向の古墳に多いものである。日向から出発した神武天皇（大王）の陵とすればつじつまが合う。

ただし、もう一人この時期に埋葬されたであろう人物がいる。台与である。台与が邪馬台国と共に東遷したのかどうかはわからない。しかし大量の銅鏡や装飾品の出土は巫女の可能性も残していると思う。（卑弥呼は魏から百枚の銅鏡をもらったが、その流れで銅鏡を収集していた可能性もある。）

安本美典氏によれば氏が邪馬台国があったとする朝倉市を中心とする地名は奈良の畝傍山周辺の地名とほとんど一致する。朝倉地域から畝傍山周辺へ集団移動したとしか思えない。その畝傍山には神武天皇御陵があり、桜井市とは隣接している。真の神武陵も、邪馬台国から一族を連れて移動した台与の墓もこのあたりとしても不思議ではないと思う。

都貨羅人（トカラ人）はインドからやってきた。

日本書紀には都貨羅人（または吐火羅人）が舎衛人《しゃえいじん》と共に日向にやってきたということが孝徳天皇紀に書かれている。（斉明天皇紀にも都貨羅人が奄美大島にやってきたとある。）都貨羅人と言えば、通常はトカラ語を話す人々、つまり月氏のことをいうが、彼らは南方からきている。一つのグループは日向に到着し、もう一つは一旦、奄美大島に漂着してから筑紫に着いている。この都貨羅人はインドから来たのである。何故なら、この都貨羅人と共に日本に来ていたのは舎衛人と記されているが、彼らはインドのガンジス川流域の舎衛国からきているからである。このことは、「トカラ人は海の道を使ってインドからやってきた」ことを如実に示している。舎衛城は祇園精舎のある処であり、アヨーディア国とともにコーサラ国の首都と呼ばれたところである。そして後に登場する伽耶の金官国に嫁入りした許黄玉もこのあたりからきている。インド人が北方からくることはあり得ないことであり、彼らは都貨羅人と一緒に来ているので、その都貨羅人とはインドに侵攻した大月氏国（クシャーナ朝）に関係するトカラ人ということになる。

南方からの三つの流れ

南方からは基本的に三つの流れがあったことを認識しなければならない。

一つは苗族などの長江文明の流れをくむ人々であり、おそらく5000年以上前から長期にわたり渡来している。

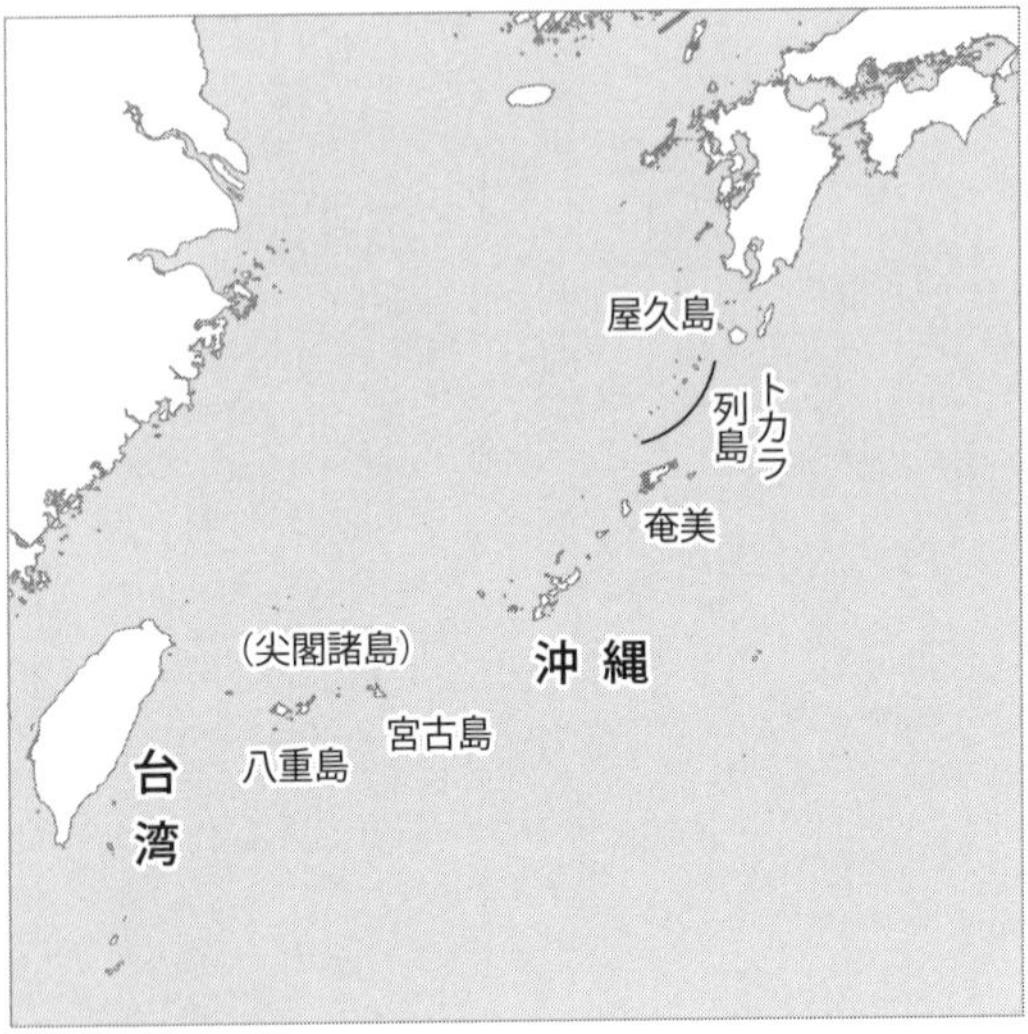

図5　南西諸島とトカラ列島

もう一つはオーストロネシアの拡散の時、直接台湾からやってきた人々と、その後インドネシアなどから九州に至った人々である。九州に至ったグループは隼人となり、至らなかったグループは奄美、沖縄にとどまったであろう。

三つめの流れは、紀元前後に海の道を通じて到着したグループである。

インドから中国江南に至り、江南から九州や韓半島南部に到着したトカラ人（月氏）のグループはこれに当たる。

トカラ列島とトカラ馬　～馬を持ちこんだ月氏

近年、中国との領土問題で話題に上がることの多い尖閣諸島は南西諸島にあるが、トカラ列島はその南西諸島を構成する列島である。

トカラ列島のトカラという言葉の源は諸説あるが適切なものは存在しない。トハラ列島とも呼ばれるとあるので私はトカラ人からきていると考える。（トカラ人はトハラ人、トハリスタンとも呼ばれる。）また、トカラ列島と奄美諸島にはトカラ馬と呼ばれる古代馬がいるが、

図６　月氏が馬を運んだであろう船の埴輪（レプリカ）
資料所蔵・提供：宮崎県立西都原考古博物館
原品所蔵：東京国立博物館

小型で頭が大きく、蒙古馬に近い中央アジアの遊牧民の馬のように見える。馬は北アメリカに誕生し、中央アジアのステップ地帯に伝わったが、蒙古に移動して蒙古馬となったと言われている。蒙古馬は古代のすべての馬の原点である。体高が１２０～１４０センチぐらいであり、鬣《たてがみ》は短く立っている。まさに埴輪でみる馬そのものである。古代月氏の馬もこのタイプに違いない。

都貨羅人は奄美大島に漂着したとあるので、トカラ人が持ち込んだ可能性が高い。九州から持ち込まれたという意見もあるが、人がほとんどいない古代において、わざわざ

図7　クシャーナ朝のコイン（wikipedia“クシャーナ朝”より引用）
“Coin of Heraios”（© Jeantosti, Licensed under CC BY-SA 3.0）

九州からトカラ列島に馬を持ち込む価値はない。

宮崎の都井岬の御崎馬も体高は低く同じ種であり、いずれも月氏が持ち込んだ蒙古馬なのである。騎馬民族にとって命の次に大事なものは馬である。月氏は馬を携え、トカラ列島を経由して、宮崎日向に来ていたのである。（当然ながらトカラ馬はトカラ列島や奄美諸島にだけいるわけではない。トカラ人は南西諸島を島伝いにやって来ているので沖縄の久米島でも発見されている。）

月氏が船でやってきたことは、宮崎日向に残る古墳群は、大淀川流域、一ツ瀬川流域、小丸川流域、五ヶ瀬川流域とすべて川の流域にあることからわかる。彼らは船でやって来て川をさかのぼったのである。

日本の馬は古墳時代、韓半島から対馬列島を経由して持ち込まれた蒙古馬が始まりとされるが、トカラ人により、インドから海の道を通って江南に運ばれ、江南から南西諸島を経由して宮崎日向に入った蒙古馬のほうが早かったのではないか。トカラ人が馬と共に日本に着いたのはおそらく2~3世紀であり古墳時代の前である。インドに馬がいたのかと思われる人もいるかもしれないが、クシャーナ王朝のコインにはヘライオス王が馬に乗った絵が描かれている。

(月氏は騎馬民族である。)インド神話の太陽神スーリアは7頭立の馬車に乗っている。馬はインドでは普遍的なものなのである。

むしろ古代は、推古帝が「馬は日向の駒」と言っているので日向のほうがメインであったと思う。4世紀末、応神の時、日向から難波に船で馬を運んでいる。応神は難波で馬を育て、広開土王との戦いに使ったのである。

図8　トカラ列島のトカラ馬
写真：Asian nature photographer / PIXTA(ピクスタ)

難波に着いた船は当時あった河内湖から船着き場に陸揚げされ、馬は河内湖の低湿地から生駒山地までの牧場(河内の牧など)で育てられ、韓半島へ送られたのである。四条畷市の蔀屋北《しとみやきた》遺跡からは馬具や馬の骨、さらには馬を運んだ船の遺跡、馬の埴輪が見つかっている。出土した馬の骨格は体高127センチで日向の御崎馬と同等であり、この馬が日向から運ばれてきたことがわかる。さらに韓半島南部ではこの日向西都原式の船と形態的には同一の船の埴輪が発見されており、難波から韓半島へ馬が運ばれたことが想定される。

つまり、馬は月氏(トカラ人)により、インドから海の道を通って江南に持ち込まれ、南西諸島を通って日向に達し

「日向の駒」になったのである。そしてこの馬は応神の時、難波に持ち込まれて飼育され、広開土王との戦いに供するため韓半島に送られたと考える。これが馬の伝来に関する本書の見解である。

日向に残る埴輪は何を語るのか

もう一つ検討が必要なのは埴輪である。西都原古墳の古墳からは独特の家形埴輪が出土している。何といってもその屋根の形はじつに特異な形をしている。まるで船の船首のような形であるが、これは何処のものであろうか。先におよそ4000年前に中国福建省から台湾に渡りインドネシアのスラウェシ島に渡ったグループがいると述べたが、スラウェシ島には屋根の上に船を載せたような家がある。「トンコナン」とよばれるトラジャ族の家の屋根の形は、まさに西都原の古墳から出土した家形埴輪の形にそっくりである。隼人のものとも考えられるが、これは日向にいた隼人はインドネシアのスラウェシ島からきていると想像させるに十分な証拠であろう。勿論、家のタイプは南方系の高床式住居である。子持ち家形埴輪は南方系の大家族用家屋を想像させる。(船の船首のような破風を持った家の埴輪は宮崎以外でも出土しているが、それはインドネシアから各地に渡ったことを示している。)

さらに、船形埴輪がある。この船形埴輪については西都原古墳研究所の所長である日高正晴氏が、船首と船尾が反りあがった準構造船とみられるこの船形埴輪は類似のものが畿内の古墳から出土していること、さらに伽耶の古墳からも出土しており、中国では江南の浙江省龍泉窯の青磁の陶器（越磁）に類似したものがみられると述べておられる。ということは西都原出土の船形埴輪は中国の江南、越の影響があり、かつ伽耶とも関係するものであること、そして先

図９　西都原古墳群出土の子持ち家形埴輪（レプリカ）
資料所蔵・提供：宮崎県立西都原考古博物館
原品所蔵：東京国立博物館

図10　スラウェシ島のトンコナンの家“Toraja house”
（©Jayapura, Licensed under CC BY-SA 2.5）

トラジャ族の家トンコナンはトラジャ人の先祖が乗っていた船首の形をしている。家々は全て北を向いて建てられているが、その理由は先祖が北からやってきたためだと言われている。

述の如く応神が広開土王と戦った時に使われた船のようでもあるということなのである。基本は兵士や馬を運ぶのに使われた船であろう。

この船はスラウェシ島のものとは違うので、おそらく神武一族が日向に来てから運搬用として作ったものと考えられる。

なぜ日向は応神側に付いて朝鮮半島に行き広開土王と戦ったのであろうか。

それは日向は応神側というよりも、神武以来皇統側という認識があったためであろう。

また広開土王は応神側に付いた倭人を任那・伽羅と言っている。任那・伽羅は応神の倭国側に立って戦ったのである。（ただし伽羅は後に新羅に移行していく。）

日向の諸県君は鹿の扮装をして海を渡り、応神に髪長媛を差し出し、自分は年老いたのでこれで退陣すると告げている。この髪長媛はのちに仁徳妃となった。

これらのことは神武の出自を調べることとは別に、古代社会の民族構成の特徴を示しているといえる。つまり古代国家では指導者層と国民は民族そのものが異なっている場合があるということである。日本では大王と呼ばれる地位に就くためには「神を代弁する神官」か、もしくは「王家の血脈にある者」（いわゆる貴種）であるかのいずれかである必要がある。たとえ前指導者を倒し政権を簒奪する場合でも、いずれかの要件を満たす必要があったはずである。あらたな指導者は前指導者の一族あるいは国を支える豪族から配偶者をさだめ、国を治めたのである。

したがって日向の神武の場合は神武一族が指導者一族であり、大伴氏、久米部など海人族・隼人がそれを支える一族であったと考えられる。

日高正晴氏の著書『古代日向の国』の中でもう一つ気になるのは、饒速日《ニギハヤヒ》を祀る尾鈴山と速日峯の伝承である。

『日本惣国風土記』には瓊瓊杵尊《ニニギノミコト》の兄・饒速日はこの速日峯に天降りしたとあり、日向国一宮の都農神社の神山である尾鈴山にはこの饒速日がまつられている。『先代旧事本紀』にも饒速日は瓊瓊杵尊の兄とある。もしこれが事実とすれば自ずから神武と饒速日は同族ということになる。また速日峯は五ヶ瀬川の中流域にあるが、神武の兄が五瀬命と呼ばれているのも興味深い。これらのことから、饒速日も神武一族も日向に天降りして畿内に東遷した一族という風にも考えられる。問題は何処から天降りしたかである。

始祖王が天から降りてくる神話というのはアルタイ系つまり中央アジア系の神話との共通点が多いと言われている。

日本の創世神話は東南アジアのもの

記紀において日本の創世神話に始まる物語の特徴は、一言でいえば、インドネシアあたりを中心とする東南アジア色があることである。記紀に書かれている創世神話はあくまで物語であり、いわば創話であり、それ以上のものではないが、なぜそのようなものが書かれたのか、なぜそのような特徴を持っているのかは知るべきところであろう。

『日本書紀』（坂本太郎・家永三郎・井上光貞・大野晋　校注）の校注を参考に東南アジア色という点についてみると、

・素戔嗚は出雲の大国主命の祖であるとともに、日神である天照大神の弟であるという設定は、出雲と大和朝廷が姉弟の関係であるという政治的役割が課せられているということであり、日と月が兄弟関係でその下に悪い弟がいるという観念はインドシナに広く分布しており、天岩屋神話と関連している。

・カグツチ神話の中に多い死体化生のモチーフは東南アジア、メラネシア、南米に広がっており、焼き畑農業を背景としている。

・火が女陰から得られるという話や、火を生むことにより、女性が死に男性と別れるに至るという話はニューギニアを中心とするメラネシアと南米に多い。

・保食神の死により神の身から蚕、稲、豆、粟など新しい食物などが成るという話は東南アジアから大洋州、中南米などに広く分布している。

・ホノスソリノ命のところで、出産後の産婦の部屋を火をたいて熱くする習慣は東南アジアに広く分布。

・海彦、山彦の話もインドネシアのセレベス島に似た話がある。

など話のモチーフがインドネシアなど東南アジアに共通するものが多い。

さらに言えば、先述のとおり、日向の西都原古墳の家形埴輪の屋根の形はインドネシアの「トンコナン」とよばれる家の形に似た独特のものである。

しかもこ古代大王の住居はどうやら高床式で千木や鰹木を付けた南方系の建築のようなのである。（日本書紀雄略紀）

冒頭、オーストロネシア諸語が日本語と似ているものがあると述べたが、インドネシア語を例に取れば、「まさか」が「マサ！」、「好き」が「スカ」、「あんた」が「アンダ」、「行く」が「イクッ」、「名前」が「ナマ」、「混ざりあう」が「チャンプル」、「済んだ」が「スダ」などなどよく似た言葉が使われていると報告されている。

これらのことは日本の創世神話は東南アジアがベースにあり、神武一族も南方から来たことを示していると考えざるを得ない。

「海の道」は中央アジアからインドを経由して日本に通じる

陸上の輸送に比べると船を使った海上輸送は、輸送できる物量が桁違いに大きくなる。ラクダ数百頭分の荷は一艘の船で運べるのである。航路を知り、潮の干満や海流、季節風などを知れば意外に安全に航行できることを知った人々は、地中海から東南アジア、中国まで「海の道」を確立した。交易路として確立したのは2世紀頃と言われているが、地域を限定すればおそらく5、6000年前から航路は発見されていたであろう。その航路は季節風を活用したアラビア海、ベンガル湾を渡る航路であり、その季節風は交易のための風として貿易風と呼ばれた。

重要なことはヒマラヤ南部からインドを流れるガンジス川はベンガル湾に港を持ち、カラコルム山脈の南からパキスタンを流れるインダス川はアラビア海に港を持っているということである。大月氏のクシャーナ王朝にはバクトリアのサマルカンド（中央アジア・東ヨーロッパ・インドへの道が交わる地点にあり文化の交差点と言われる。）からバーミヤン〜カブール、ガンダーラのプルシャプラ（首都）を通り、ガンジス川の支流にあるマトゥラー（副首都）に至る交通路がある。マトゥラーから船に乗ればベンガル湾に至り、ベンガル湾からマラッカ海峡を通り、ベトナム、インドネシアを通る航路は、中国の広州（香港・マカオ）、泉州（福建省）、杭州（浙江省）に至り、そこから韓半島南部と日本列島に通じている。古来この航路はシルクロードとともに中央アジアから東アジアへの通路として使われてきたのである。先に述べた都貨羅人が日本にやってきたというのは南からきており、この航路を使ったと考えられる。伽耶も神武一族もクシャーナ朝の領土を通り、この航路で日本にやってきた可能性が高い。

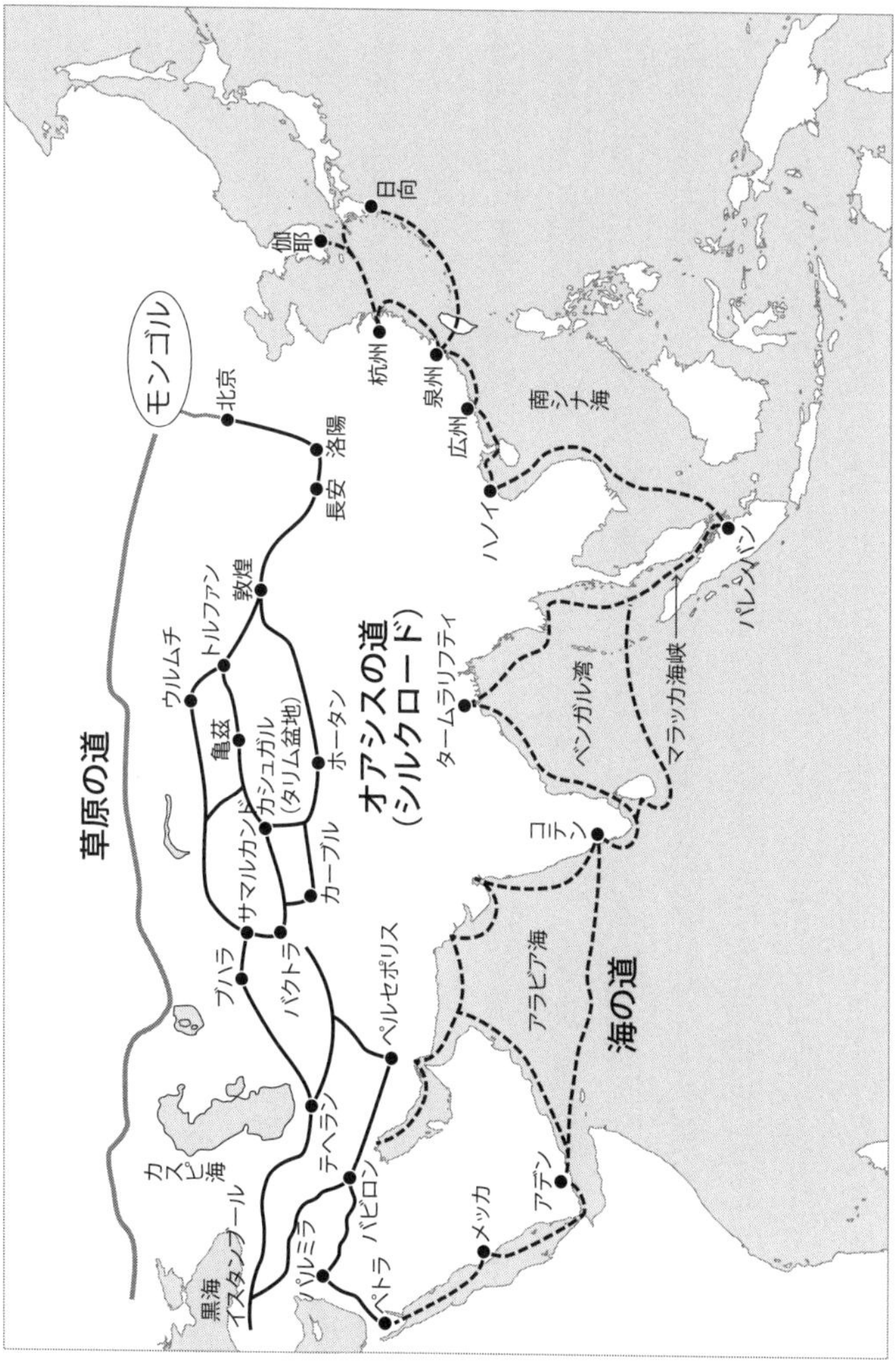

図11　海の道とオアシスの道（シルクロード）と草原の道

神武一族が日向に到達した時期は大月氏の貴霜翕侯《クシャンきゅうこう》が他の四翕侯を征服し、クシャーナ朝が成立した時期から数えて、およそ100年後の2世紀初頭であろう。（日向にのこる古墳の建造時期から考えて。神武が大和に東遷したのは3世紀末と考える。）征服された四翕侯の一部はインドのコーサラ国まで逃げ、ガンジス川を下って海の道を使って逃げた（新天地を求めた）というのが、本書の仮説である。

なお13世紀～14世紀のヴェネチア商人、マルコポーロはヴェネチアからシルクロードを通って北京まで行き、帰りはこの海の道を通ってヴェネチアまで帰っている。

隼人は何処から来たのか

先述の通り、中国南部から台湾を通りオーストロネシアへ拡散し、九州南部（鹿児島宮崎）に到達したのが、およそ5000年前から3000年前と言われているので、彼らがのちに隼人とよばれる人々になったことは間違いないと思うが（すべてではない）、隼人はオーストロネシア系の特徴もあるので、一旦、インドネシアなどに入り、そこから九州南部にやってきた人たちもいることであろう。

中国南部の福建省から台湾へ渡ったとされているが、おそらく福建省は集合の地で、そこには雲南、四川からチベット東部にわたる広範囲の地域の人たちがいたと思われる。彼らは縄文中期～後期頃から各地に移動したのである。

隼人には犬舞や狗吠えなどの奇風があり、チベット系（吐蕃人《とばん》）にも「犬吠之声」の習俗がある。これは彼らが槃瓠《ばんこ》伝説（※）を持つ少数民族であり、犬トーテムを持つ民族であることを示している。苗族も然りである。彼らは後に畿内に移住させられヤマトにも仕え、宮中警護に当たった隼人が狗吠えを行ったと伝えられる。このことは隼人が元は中国南方にいた民族であることを示している。

最近、富雄丸山古墳（奈良市）で長さ2・3mの巨大な蛇行剣が発見され話題を呼んでいるが、蛇行剣と言えば、地下式横穴墓や地下式板石積石室墓から発見され隼人系のものと言われている。おそらくヤマト朝廷に仕えた隼人系人物が使った呪術につかわれた剣であろうと考える。

隼人と言えば薩摩、大隅と鹿児島県に限定されるが、実際上は鹿児島以南から奄美、沖縄などの南西諸島の先住民も同じ民族であった可能性は高い。（一説には隼人は南方の意であるハエからきたハエトのことであるとする見方がある。）

彼らは、アイヌと同じく、日本の遺伝子グループを構成するハプロタイプDに属し縄文系グループを構成しているのである。

※　槃瓠とは中国南部地方の少数民族（苗族、ヤオ族、ショウ族など）に伝わる祖先伝説で上古五

帝の一人、高辛氏が犬戎に攻められた時、帝は敵将の首を取ってきたものに娘を与えるとお触れを出したところ、槃瓠という犬が敵将の首を咥えて戻ってきた。帝は犬に娘を与えるわけにはいかないと考えたが、娘は帝の言葉に嘘があってはならないと自ら槃瓠に嫁ぐことにした。槃瓠と娘は山に入り、6男6女をもうけたという。

●付記

1、古代船について

オーストロネシアに渡った人はどのような船を使ったのであろうか。どのような船か本当のところはわからないが、パラオに残る古代船を見れば、実に合理的に作られ、速度もおそらく現代のヨットと比べてもそう引けは取らないのではないかと感じられる船がある。アウトリガーを持ち、自由に取り外しができていつも最大限の風力が得られる帆と、強靭な体力を使って漕ぐ櫂のおかげで素晴らしいスピードで航行する。帆のついたカヌーである。船の帆の出現は約4000年前と言われている。

中国からはおそらくジャンク船の原型のような船が使われたのではないか。

古代の中国南部で使われた船はジャンク船と呼ばれる帆船である。沖縄久米島に残る古代船、サバニ船などはこれに類するものであろう。目的に応じて様々なタイプが作られ、長期にわたる航海には外洋航行に対応する工夫がなされている。越国の戦艦模型を見れば、大型船で二つの帆と多くの櫂を持ち、船の上には城郭を備えている。古代船は現代人の想像を超える工夫がなされており、特に戦争によって飛躍的に進歩を遂げている。

同時に忘れてはならないのが航海術である。古代では陸にせよ海にせよ長距離の移動は命がけであったであろう。そのため月、星、太陽、そして星座などの天文学は想像以上に発達しており、海であればまず海流、潮の満ち干、風の変化や海路や天候の変化などに対する知識は現代人が想像するよりはるかに優れていたと思われる。またその経験を得るために長大な時間をかけていることであろう。そのため古代人は神武のころには問題なく瀬戸内海を航海していたものと考えている。

図12　大海原を行くダウ船
写真：Rigamondis / PIXTA（ピクスタ）

海の道で使われたであろう船はベンガル湾やアラビア海ではダウ船と呼ばれる帆船である。これもまた目的に応じて様々な種類がある。いわゆるシンドバッドの船である。

もう一つは日本でも埴輪がいくつか出ているが、外洋を渡るための準構造船と呼ばれるものである。これは主として馬や荷物の運搬船として使われたと思われる。現実に、日向から難波への馬の輸送にも使われている。しかし、底が平らで舳先も平らな準構造船ではおそらく速度が遅く間に合わなかったせいか、別の船の上に準構造船を載せたような船の埴輪も出土している。

2、古代の移動手段は船が基本

古代における交通手段はまず馬や駱駝があげられるが、それは草原地帯や砂漠などの地域においてであり、陸上はシルクロードなど一部の交易路を除いて道は無いに等しかった。恐らく海浜などを除くと原始林がほとんどであったろう。陸上を移動するにはまず道を作る必要があり、それはほとんどの場合、現実的ではなかったと考えられる。そのため船を引っ張って移動するための船の道や水路が作られるほどであり、移動手段は基本、船以外は考えられなかったのである。世界の四大文明はすべて大河のある所に築かれているが、それは文明が船と切っても切れない関係にあることを示している。優れた船を持つことは移動や運搬だけではない、他国との戦争においても絶対重要なことなのである。そのためエジプトは約4000年前から船の材料となる木材を遠くレバノンまで出かけて入手し、巨大で頑丈な船を作っている。河川があることが古代国家の建設のための必要条件であり、優れた船と航海術を持っていることが生き残るための必須条件であったのである。グレコ・ペルシャ戦争でギリシャが当時世界最強と言われたアケメネス朝ペルシャに負けなかったのは、サラミスの海戦でギリシャの優れた軍船がペルシャ海軍を打ち破ったからである。

第二章　陸を駆ける人々　~月氏の故郷を行く

◎草原の道の覇者

西部草原の支配者・スキタイ

草原の道はユーラシア・ステップともよばれ、シルクロードに先駆ける交易の道であった。地理的にはシルクロードの北に位置し、モンゴルーカザフスタンーアルタイ山脈を抜けザイサン湖・バルハシ湖に沿ってアラル海・カスピ海の北側を通り、黒海・南ロシア平原に至る道であり、全長はおよそ1万kmである。

このユーラシア・ステップの東部草原を支配したのが匈奴であり、西部草原を支配したのが、スキタイ（スキュタイ）である。（スキタイとはインドヨーロッパ祖語の skud-o「射手」からきていると言う説が有力である。）

スキタイはこのユーラシアの広大な草原で活動した世界最初の遊牧騎馬民族であるが、中央アジアから紀元前8~7世紀に西に移動し、南ロシア草原（現在のウクライナを中心とした地域）にスキタイ国家を建設した。戦闘のときには青銅製の甲冑や武器が使われたが、鉄製の槍頭など鉄製の武器も使われている。両羽でT字型の柄をもつアキナケス型短剣はスキタイから始まったものであり、ペルシャ、ギリシャなどで広く使用された。

スキタイは遊牧のみならず、ウクライナの肥沃な土壌（チェルノーゼムと呼ばれる黒い土壌、土の皇帝と言われる。）を利用して多くの穀物を生産した。穀物は食用だけではなく商品として遠くギリシャの植民都市などに販売し、その対価として金を受け取った。有名な動物意匠の金細工はこれらの金を使って作られたのである。（エルミタージュ美術館には約250点ものスキタイの金製品が所蔵されている。）強盛を誇ったスキタイではあるが、紀元前3世紀、サルマート人（黒海北部にいたイラン系民族）とローマ帝国により滅亡する。

スキタイとサカ族

サカ族とは紀元前6世紀頃から中央アジアに現れるイラン系遊牧民であるが、サカというのはペルシャ側からの呼び名で、ギリシャ側からはサカイ、中国では塞《そく》と呼ばれた。（一部に異論あり）古代ギリシャの歴史家ヘロドトスによるとサカ族とはスキタイのペルシャ側の呼び名としているが、スキタイのペルシャ側に住む部族との見方もある。一説ではギリシャ人からグレコ・バクトリアを奪った遊牧騎馬民族のアシオイ、パシアノイ、トカロイ、サカラウロイの4部族はサカ族の一部であるとする説もある。サカ族はパルティアの勢力を避けて、インダス川の流域に入り、北上してパンジャブ地方・ガンダーラ地方を占領し、北西インドのギリシャ人勢力を一掃して紀元前1世紀にサカ王国を建てた。これが、インド・スキタイ王国とよばれる王国であるが、その支配は分散的で安定せず、クシャーナ王朝により滅亡する。この辺は一部不明なところもあるが、筆者はバクトリアを征服した4部族のなかのトカロイ、つまり大月氏が他の部族（サカ族）を追放し、その後、大月氏の貴霜翕侯《クシャンきゅうこう》が全体を掌握して、インド・スキタイ王国をそのまま継承、さらに拡大していったものがクシャーナ王朝と考えている。サカ族の定義は曖昧なところもあり、スキタイとも考えられているので、幾つかの遊牧民族の集合体である可能性がある。スキタイ王国は紀元前3世紀に滅亡するが、その後多くの民族と一体化していったものと思われる。

サカ族の遺産としては中央アジアのカザフスタン共和国のイッシク古墳から出土した「黄金の鎧を着た黄金人間」が有名であるが、近年幾つもの黄金をまとった黄金人間とともに黄金馬も発見されている。

スキタイの古墳と黄金文化

現在最も古いと考えられているスキタイの遺跡はモンゴルの北西部にあるトゥヴァ共和国にあるアルジャン古墳である。北方ユーラシアの草原地帯に分布する古墳はクルガンと呼ばれる盛り土や積石による埋葬塚であるが、大きいものは直径100m、高さ5mに及ぶ。アルジャン1号墳は紀元前9～8世紀とされ、地表面にカラマツの丸太を組んで墓室を作ったもので、その上に直径120mの墳丘が築かれている。アルジャン2号墳は奇跡的に未盗掘の古墳であり、

20ｋｇを超える黄金副葬品が発見されている。しかしスキタイの古墳は黄金の副葬品を伴うため基本的にすべて盗掘されており、そのためその後の古墳は地下式墳墓となっていくのである。前４世紀では大型化した墳丘の下に20ｍ以上の竪穴が掘られ、そこから横穴が掘られて墓室を形成する古墳も出現する。（黒海北部のチョルトムリク古墳）このように深い竪穴が掘られるのは盗掘を免れるためであるが、それでも盗掘は免れなかったようである。同じく前４世紀とされるパジリク古墳群はアルタイ山にあり、５号墳の墳丘は直径42ｍと大きくはないが、墓坑は地表から４ｍと深く二重の木槨があり、墓室は広く床には木棺が置かれている。この古墳は金製品は盗掘されているが、その他のものは墓室が凍結していたため盗掘を免れており、四輪馬車やフェルトの壁掛けなど様々な副葬品が発見されていることで有名である。

図13　アルタイ山のパジリク５号墳出土の壁面覆いに描かれた「乗馬する男」（wikipedia“パジリク古墳群”より引用、パブリックドメイン）

この絵は月氏のものか。ペルシャから伝わったものか。いずれにせよ、口髭を蓄え粋なスカーフをして馬に乗った姿は2400年以上も前の伊達男のものである。

なお、このパジリク古墳群の主はアルタイという地理的関係からか、月氏ではないかという説が東洋史学者の榎一雄氏や発掘調査者のS・ルデンコ氏から発表されているとのことである。月氏であるとしても、スキタイとアケメネス朝ペルシャ（紀元前550年～前330年）の影響がみられるため、きわめて広範囲な行動エリアを持つ種族ということになる。

こうしてみるとスキタイ人の古墳は初め地上に墓室が作られたが、盗掘を避けるため地下に移行し、さらに地下から横穴も掘られて墓室が形成されたことが分かる。これらの地下式墳墓は匈奴のノヨン・オール古墳（基本は方墳）にも採用され、遊牧騎馬民族の墓制の基本となったようである。スキタイの墓制の大きな特徴は地下式墳墓と黄金副葬品であろう。黄金副葬品は前4世紀末から前3世紀初めになるとギリシャの影響がみられるようになり、極めて精緻で芸術性も高いものとなる。（なかでもトヴスタ・モヒーラ古墳の女性の胸飾りは秀逸の一品である。キエフのウクライナ歴史宝物博物館所蔵）

後述するが、紀元後1世紀とみられるアフガニスタン北部のティリア・テペ遺跡も華麗な黄金副葬品で世界が注目した未盗掘古墳であり、地上には墳丘も何もない完全な地下墳墓である。バクトリアに位置するこの遺跡は大月氏のものと見られている。盗掘者から黄金の副葬品を守る為、地上には目印となるものが何もない地下墳墓を作ったのである。

東部草原の支配者・匈奴

匈奴はスキタイより数百年遅れ、紀元前4世紀頃には東部草原を支配する国として中国の史書に登場する。その言葉は漢語ではなかったようだ。春秋戦国時代には趙・韓・魏・燕・斉と共に秦と戦っている。匈奴の歴史は中華を支配した秦と漢との戦いの歴史である。匈奴ははじめ黄河の南、河南（オルドス地方）にいたが、秦に追われ北方へ逃げた。秦の始皇帝は再び匈奴が侵入することを防ぐため、万里の長城を築いたのである。始皇帝が亡くなると再び中原に侵入し、今度は漢との戦いが続くことになるが、紀元前2世紀には敦煌にいた月氏を西方に追いやり西域地方も支配下に置いている。その後も漢との戦いは続くが、国力で勝る漢がしだいに優勢となり、紀元後には匈奴は南北に分裂し、北匈奴は台頭してきた鮮卑により滅亡し、南匈奴は漢に服属する。やがて南匈奴の末裔である劉淵は漢の後継者を自称し（匈奴）漢を建国するが、これ以降は五胡十六国の時代に入り混迷の時代となる。匈奴は深く中華の国々の中に入り、同化していったのである。

フン族の西進

匈奴の古代音はフンに近いものであったといわれ、匈奴とフン族を同一視する見方と、別であるという見方があるが、いずれにせよフン族は匈奴から派生したもので、幾つかの民族の集合体のように思う。初めは統一されておらず、ローマとの戦争の中で成長して統一部族化していったようである。

フン族は370年頃に黒海北部地方に現れ、東ゴート族（ウクライナ東部）を支配下に治めると西ゴート（ルーマニア）に侵攻、西ゴート族はドナウ川を越えてローマ帝国領に移動した。バルト海沿岸地域にいたゲルマン族もまたローマ帝国内に移動、次々とゲルマン国家を建設したため、ついに西ローマ帝国は崩壊、滅亡してしまう。

フン族の西進により、ゲルマン民族の大移動が起こり、ヨーロッパには新たな国々が誕生したのである。410年頃にはドナウ川中流域の平原を制圧し、東ローマへの侵略を行ったため、東ローマは停戦を条件に、フン族に毎年多額の金による貢納金を支払った。しかし453年にアッテラ王が死ぬと急速に弱体化し、フン族の覇権は終わる。草原の道の覇者はユーラシア大陸の国々の構造を大きく変え、新たな時代が開かれていったのである。

草原に生きる騎馬民族の戦いの風習は残忍さでもって知られ、スキタイも匈奴もフン族もサカ族も後年のモンゴル族も残忍の代名詞として使われることが多かった。彼らは物心ついたころから馬に乗り、弓を射るようになれば戦士となるのである。カザフスタンでは今でも馬上格闘技がおこなわれ勇猛果敢であった戦士の名残を残している。

日本の戦国時代の髑髏杯の話も草原の民族の風習として伝わったものであろう。

◎最初の文明を築いた国々

古代オリエントの覇者

西アジアに目を向け、文明という観点から歴史を見た場合、最初に挙げられるのはウルク古拙文字を考案したシュメール人であろう。およそ紀元前3200年のことである。かれらは都市文明を成立させウル王朝を築いたが、その王を主人公に書かれたのが、「ギルガメシュ叙事詩」である。古代、東アジアにまだ文明が生まれる以前、ティグリス、ユーフラテス河に挟まれたメソポタミアは世界に先駆けて古代都市国家を建設していた。それがウルク王朝であり、アッカド王国であったが、紀元前2000年に入ると、メソポタミア北部のアッシリアが勃興する。同じ時期にメソポタミア南部にはバビロニア王国が誕生する。バビロン第一王朝においてハンムラビ王は全メソポタミアを統一しハンムラビ法典を制定した。アッシリアとバビロニアの2国は古代オリエントの覇権をめぐり、様々な興亡を経て、実に紀元前609年に新バビロニア・メディア連合軍により、アッシリアが滅亡するまで争いは続くのである。新バビロニアもまたアケメネス朝ペルシャの出現により、紀元前539年滅亡する。この間、バビロニアの首都バビロンは世界の都であり続けた。勿論、この頃にはギリシャには都市国家が生まれ、東アジアにも文明を持つ都市が生まれているが、バビロンの歴史と文明には遠く及ぶべくもなかったと思われる。

戦いは様々な発明を産むが、なかでも古代戦で特筆すべき武器の発明は西アジアで生まれた。まず鉄器の出現である。紀元前1700年から前1200年にかけてアナトリア（現在のトルコ）に進出したヒッタイト王国は、製鉄技術を初めて持った民族であり、鋼《はがね》を作ることができたと言われる。その製法は秘密にされたが、ヒッタイト滅亡後に製鉄技術は世界に広まり、鉄製武器の普及は戦況を大きく変える要因となった。

さらに前9世紀頃にはアッシリアに最初の騎馬兵が誕生する。騎馬兵は瞬く間に草原の遊牧民に伝わり、スキタイ、匈奴など遊牧騎馬民族の出現となっていくのである。アッシリアは東方のザグロス山脈のほうに野生馬を求めた記録が残る。北アメリカ発祥とされる馬は早くから中央アジアや西アジアに達しており、紀元前4000年頃にはウクライナでは家畜として使われ始めていた。

馬に2輪戦車を引かせる戦法は古代戦に革命をもたらしたが、直接馬に乗る騎馬戦に代わっていったのである。

このの ち、ペルシャには帝国の中の帝国と呼ばれた、「アケメネス朝ペルシャ」が誕生するが、紀元前330年頃、ギリシャのマケドニア王アレクサンドロス3世（アレキサンダー大王）との戦いに敗れ滅亡する。アレクサンドロス3世はギリシャからエジプト、メソポタミアからインドの手前まで征服し、一大帝国を築き上げた。（アレクサンドロス3世はファランクスという槍衾を前面に押し出し、両サイドと後ろを騎兵が固める戦法を用いた。）アレクサンドロス3世の死後、帝国は4つの地域に分裂するが、そのうちの一つであるグレコ・バクトリアは大月氏の国となっていくのである。また3世紀に入り、アケメネス朝ペルシャの後継となったサーサーン朝ペルシャは東方の国々ともつながり、正倉院にはその宝物が今に伝えられている。

◎月氏の故郷　～シルクロード

月氏は交易騎馬民族

草原の道の南はシルクロードである。そのシルクロードにあるオアシス都市は城壁を持った都市国家というべきものであり、天山山脈から流れ出す水を使った農耕や牧畜を行い、シルクロードを通る隊商の中継交易拠点として栄えた。中でも亀茲国（きじこく、くしこく）は人口10万人を数えたと言われ、ホータンで3万人、カシュガル、カラシャール、アクスなども2万人を超える都市国家であった。そのため、常に匈奴や漢の侵略の対象となり、争奪戦が行われた。その都市国家の主なる住民が月氏であった。月氏はアルタイ山脈の南のトルファン盆地から天山山脈の南のタリム盆地にいた。月氏はトカール、トカロイとも呼ばれトカラ語を話す人たちである。

古代中国語でトカールまたはトグァールとは月のことで月氏の名前はここからきているとの説がある。トカラ人は遺伝子的には南シベリアから南下してトルファン盆地やタリム盆地に入ったと言われており、その時期は紀元前3000年頃とみられている。タリム盆地東部の楼蘭では紀元前2000年頃のトカラ人のミイラが発掘されている。有名な楼蘭の美女はこのあたりで発掘されたものである。

月氏は秦の始皇帝の時代（紀元前3世紀）には中国の北方にあり強盛であったが、匈奴の逆襲に遭い河西回廊の西の敦煌《とんこう》まで敗走し、その後トルファンに移り、さらに亀茲に移動している。

その後紀元前2世紀に匈奴の王、老上単于（ろうじょうぜんう・東湖と月氏を破り、モンゴルを統一）の西域侵攻により、月氏王は殺され月氏は二手に分かれて逃げたが、イシク湖周辺に逃げたグループが大月氏となり、南山羌《なんざんきょう》（青海省）にとどまったのが小月氏となったとされている。

このように匈奴は月氏にとって不倶戴天の敵であったが、のちに前漢の時代、武帝が西方にいた大月氏に対し、匈奴を挟み撃ちにして討たないかと持ち掛けているが、大月氏はこの話には乗らなかったようである。もはや東方への意欲は失っていたのであろう。

イシク湖はキルギス共和国にある湖であるが、大きさは琵琶湖の9倍あり、深さは660m

秦の時代（紀元前221年に中国統一）

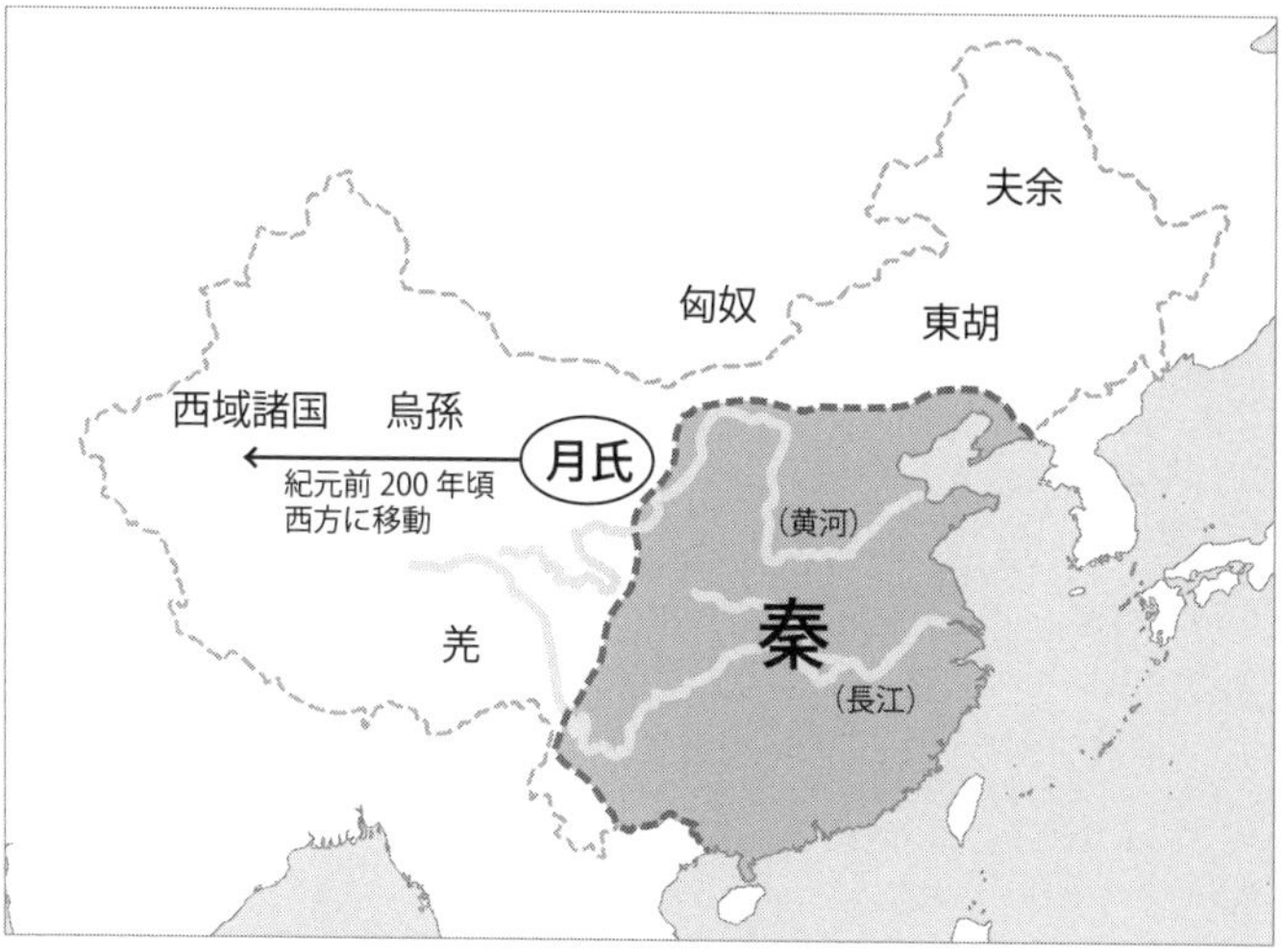

図14　秦の時代の中国大陸

を超える古代湖であり湖の中には遺跡があることで知られる。しかし何といってもこの近辺は金の鉱山があることで知られている。

アルタイ山脈とは金の山脈という意味であり、その南には大規模な金山がある。金鉱山は天山山脈にそって黄金のベルト地帯が続いており、イシク湖周辺からタシュケント周辺、サマルカンドと続いているのである。さらに近年、新疆ウイグル自治区（タリム盆地周辺）では薩瓦亜尓頓《さわあるとん》金鉱と呼ばれる巨大金鉱が発見され、中央アジアはウズベキスタン、カザフスタンなどの複数の国を中心に一大金鉱地帯となっている。中央アジアは金の国なのである。（なお金産出国の第一位はこれまで南アフリカであったが、現在では中国が第一位であり、ロシア、オーストラリアと続く。）

楼蘭《ろうらん》　〜さまよえる湖

莫高窟《ばっこうくつ》で有名な敦煌を過ぎて玉門関をくぐると、そこからは西域、胡人の国である。（漢代、玉門関は敦煌の西にあった。）その西域の最初の王国が楼蘭である。楼蘭の近くからは「楼蘭の美女」と呼ばれるミイラが発掘されている。衣服の炭素年代測定からおよそ3800年前のものと推定されたこのミイラはほぼ完全な状態で発見されているが、その衣装などからみて一定の文明下にあった女性であると考えられる。いつ頃、楼蘭王国ができたのかはわからないが、紀元前3世紀には存在したのではないか。月氏は古くからこの楼蘭のあるタリム盆地の住民であった。西域の人を胡人というが、それは古くからいる月氏と書くのである。

1900年に楼蘭の遺跡を発見したスウェン・ヘディンはロプノールと呼ばれた湖が移動するとの仮説を立てたが、その「さまよえる湖」がタクラマカン砂漠に消滅するとともに、楼蘭も4〜5世紀には滅亡している。ヘディンはこの楼蘭の発掘調査において、最古とも言われる紙に書かれた後漢の時代の公文書や書簡を発見しているが、その文書や発掘品により、楼蘭には政府倉庫、隊商宿、病院、郵便局、寺院、住宅があったことが知られている。また戦闘用の武具、漁網用の鉛、耳飾り、首飾り、ヘルメスの像を彫った宝石、シリアかローマのガラス器、色とりどりの絹、絨毯、漢の貨幣などが発見されており、漁網用の鉛があることからロプノールで漁業がおこなわれていたことも推察できる。（紀元前2世紀には月氏は匈奴に追われ、西方に移動していた。）

楼蘭を含めた西域諸国はその繁栄に伴い、常に匈奴と漢のはざまにあって支配され続けた。紀元前77年には漢によって国名が「鄯善国《ぜんぜんこく》」と改名されたが、一部では楼蘭国の名前は使われ続けた。後漢から三国時代に入ると中華帝国の影響力は低下しはじめ、3世紀に入ると、クシャーナ王朝（後出）から来た勢力が楼蘭に入ったようである。このことはこの頃、鄯善国に残る文書がガンダーラ語になったことや、大王名がマハーラヤと呼ばれたことなどから類推されている。クシャーナ朝は375年には滅亡を迎えるが、もともとクシャーナ朝の最盛期にはタリム盆地を支配下に置いたと言われており、月氏にとっては故地であるタリム盆地は常に関心のある処であったに違いない。

このころの鄯善国王は休密駄となっているが、名前からみてバクトリアの五翕侯の休密の一族の可能性もある。そうすると月氏の休氏は五胡十六国時代の混乱に紛れ、再びタリム盆地に戻っていたことになる。鄯善国は北魏により448年に滅亡するが、その後、月氏がどのように移動していったのかはわからない。その後も存続した西域諸国の亀茲《くし》やホータンに移動したのか、あるいはもう一度インドへ移動したのかわからないが、北魏により滅亡させられているので、東には向かわなかったように思う。中央ユーラシアの部族にとっては移動することは特別なことではない。

鄯善国（楼蘭）は仏教国であり、多くの仏教遺跡が出土しているが、かってのグレコ・バクトリアの特徴を残し、ギリシャの特徴を残している。

シルクロードの要衝　~亀茲国（きじこく・くしこく）

西域は紀元前2世紀末から、多くのオアシス交易都市が栄えたが、なかでも亀茲国はシルクロードの要衝として仏教文化、のちにはイスラム文化で栄えたところである。亀茲は丘茲、屈支とも屈茲とも書かれた。（現在の庫車市クチャのぁたりである。）中華帝国の西域経営の中心地として、漢王朝では西域都護府が、唐王朝では安西都護府がおかれた。

西域ではトカラ語がつかわれ、東のトルファンはトカラ語、西の亀茲は同じトカラ語ではあるが、亀茲語と言われ少し違っていたようである。

なお亀茲は呉音で発音すれば「くし」である。

亀茲国は文化宗教面でも日本に大きな影響を与えた。歌舞の国ともいわれ、唐や宋で歓迎された亀茲楽は日本に伝わり、雅楽として残っている。羯鼓《かっこ》、篳篥《ひちりき》、琵琶などみな亀茲楽の胡楽器である。雅楽は亀茲国など西域の音楽がベースになって出来上がったものなのである。

亀茲は大乗仏教の普及にも重要な役割を果たしている。4世紀から5世紀初めにかけての亀茲出身の高僧、鳩摩羅什（くまらじゅう・クマーラジーヴァ）は仏教の布教や仏典の翻訳に多大の貢献をした。亀茲から後秦に入り長安にはいった鳩摩羅什は300巻に及ぶ仏典の翻訳を行い、法華経、阿弥陀経、維摩経、大品般若経、金剛般若経、般若心経、妙法蓮華経など主な仏典のほとんどを翻訳したと伝わる。これらの仏典の翻訳書は今日の日本仏教の起点をなしたといってても過言ではないと思う。

亀茲は天山山脈の南山麓にあり雪解け水に恵まれたオアシス都市（国）であるが、度重なる興亡があり、支配者は匈奴、前漢と変わったが、国は存続し、オアシス都市の盟主的位置は保ち続けた。なお亀茲は金官伽耶の始祖神話に登場しているが、その関連については次章で述べることとしたい。

小月氏のその後

南山羌にのこった小月氏はチベット高原からパミール高原までの間で羌族《きょう》として生き長らえた。チベットが羌からきているとか、月氏の末であるとか、トカラ語が残っているとかいうのは、この小月氏と羌族が同化し残っているということである。

南山羌（青海省）と言えば、鮮卑慕容部《ぼようぶ》の吐谷渾《とよくこん》が一族を率いて移住したところでもある。吐谷渾は後出の前燕の慕容廆《ぼようかい》の兄であったが、庶子であったため、慕容部を継ぐことができず青海一帯に移住し、その国は吐谷渾と呼ばれた。

一帯はチベットに隣接し、甘粛省につながるが、天空の草原地帯とも呼ばれる所であり、天祝チベット族自治県は青海驄《ちんはいそう》と呼ばれる名馬を産し、白いヤクを産することで有名である。この白い毛は唐でも珍重されたが、「家康に過ぎたるものが二つあり、唐の頭に本田平八」と言われた「唐の頭《かしら》」がこの白いヤクの毛で出来たものであろうと推察する。吐谷渾はシルクロードにつながる地域でもあり、一時は栄えたが、チベット（吐番）の侵攻により滅亡する。

交易の民　～ソグド人は月氏の末裔

ソグド人の主な居住地はソグディアナと呼ばれ、ほぼシルクロードの中間に位置するが、その中心の都市はサマルカンドとブハラである。（現在はウズベキスタンである。）紀元前2世紀、祁連山の昭武城にいた月氏は匈奴に追われ、タリム盆地からイシク湖周辺に逃れ、さらに烏孫《うそん》に追われソグディアナに移ったが、その際自分たちの故地である昭武城を忘れないよう、いずれも昭武姓を名乗ったとされる。いわゆる昭武九姓と呼ばれた九つの部族はそれぞれソグディアナに都市国家を築いた、それがサマルカンドであり、ブハラ、タシュケントなどである。彼らは月氏の末裔にあたるが、元々いたイラン系住民と交わり、ソグド人と呼ばれた。

ソグド人は初め農耕民族であったが、人口増加に伴い、交易のため各地に広がり始めた。その活動範囲はローマ帝国から長安にまで及んでいる。ソグディアナはアケメネス朝ペルシャか

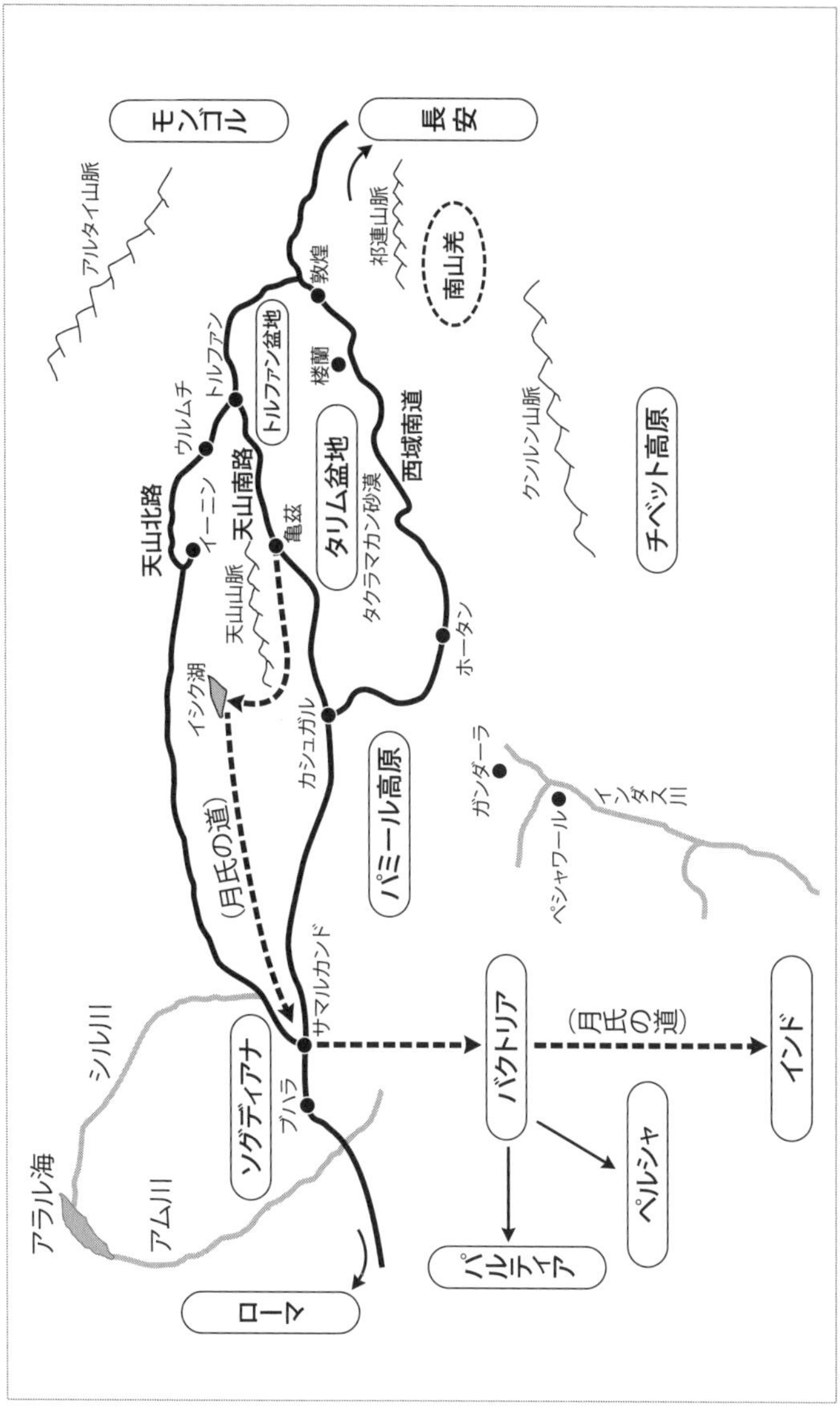

図15　中央アジアと月氏の道

らアレクサンドロス3世のグレコ・バクトリア、突厥可汗国《とっけつかがんこく》などの支配を受けたが、シルクロードによる東西交易が盛んになるとソグド人は商才を発揮しバクトリア商人に代わって交易の主役となっていった。そのため中国側からは「商胡」と呼ばれた。

ソグド人は中国で交易を行うために漢字の「姓」を持った。（中国では姓を持たないと卑下されるからである。）それが「ソグド姓」である。姓はそれぞれの部族の居住地ごとに付けられたが、サマルカンドは「康」、ブハラは「安」、タシュケントは「石」などである。サマルカンドのことを「康国」と呼ぶのはそのためであり、唐の時代、安史の乱をおこした安禄山はブハラの人ということになる。

ソグド人は金銀工芸品をはじめ、香料、絹製品、家畜、貴石、琥珀などあらゆるものを取引したが、正倉院にある琥珀はソグド人によってもたらされたものではないかと言われている。飛鳥時代や奈良時代にソグド人が来ていたことは間違いないようである。

◎インドへ向かう月氏

バクトリア王国から大夏国（トハリスタン）へ

ソグディアナの南部地方はバクトリアと呼ばれ紀元前328年にアレクサンドロス3世（ア

レキサンダー大王）に征服されたが、大王の死後も従属していたギリシャ人が住み続け紀元前２５６年に、ギリシャ人のディオドトスがグレコ・バクトリア王国を建国した。この時ソグディアナも征服されている。その後、紀元前１４０年から１３０年の間に遊牧騎馬民族のアシオイ、パシアノイ、トカロイ、サカラウロイの４種族に侵攻されグレコ・バクトリア王国は滅亡するが、このトカロイが大月氏のことだと言われており、大月氏はここに中国側が大夏と呼んだ国を建国する。（グレコ・バクトリアは先に遊牧騎馬民族に滅ぼされ、そのあと侵攻してきた大月氏トカロイに征服されたという説もある。）

この大夏国はギリシャ人ではないので単にバクトリアと呼ばれることもある。またトカラ人の土地という意味でトハリスタンとも呼ばれている。

グレコ・バクトリアは僅か１３０年弱の治世であるが、その領土はパルティアの東にあり、シルクロードにある国として、南はインド、西はパルティア、エジプト、ギリシャ、ローマ、東は中国などの多くの国の商人が集まる交易国家として栄えた。その商品は絹、毛織物、香辛料、金銀細工、ガラス、宝石、皮革などであり、一旦バクトリアに集められ交易されたのである。貨幣はバクトリア始祖王のディオドトス1世が彫られた金銀硬貨が使用された。

グレコ・バクトリアの遺跡として知られる「アイ・ハヌム」はウズベク語で「月の婦人」という意味だそうであるが、その名の如く建物の柱はコリント式で飾られギリシャ文明そのものの優雅な都市であった。「アイ・ハヌム」はアフガニスタン北部に築かれた都市であるが、そこはラピスラズリの産地であり、金を産出する処でもある。アイ・ハヌムの宮殿はペルシャの宮殿に匹敵し、広大な円形劇場はバビロンのものより大きかったと伝わる。

しかし何といっても近年バクトリアが有名になったのは、同じアフガニスタン北部の「ティリア・テペ」の黄金の遺跡であろう。ティリア・テペとは黄金の丘の意味であり、６つの墓の遺跡からは２１０００個の金貨とともに、黄金の女王の王冠やベルトなどの装飾品、動物のミニチュアやアクセサリーなど黄金とトルコ石からできた多くの宝物が発見されている。アフガニスタン戦争により、アフガニスタン各地の貴重な遺跡は破壊され略奪されているが、奇跡的にティリア・テペの秘宝は消失後、再発見され今日に至っている。これらの秘宝は中国をはじめとする世界の文化に大きな影響を与え、ヤマトにまでつながっているのである。（これらの墓は紀元後1世紀のクシャーナ王朝の支配層に属する一族のものという説がある。）

グレコ・バクトリアを征服した大月氏はここに、休密（きゅうみつ）・雙靡（そうび）・肸頓（きっとん）・高附（こうふ）・貴霜（きそう・クシャン）の五つの翕侯（きゅうこう・王侯）をおいて支配した。

大月氏の国、クシャーナ王朝の建国

１００年余りののち（およそ紀元後1世紀）、五翕侯のうちの貴霜翕侯の丘就卻（きゅうしゅうきゃ

く・カドフィセス）が他の四翕侯を統合し王国を築いた。これがクシャーナ王朝である。

クシャーナ王朝はカニシカ王の時、全盛期を迎えるが、バクトリアからインド北西部ガンジス川流域にわたる王国が築かれその首都はプルシャプラ（現在のペシャワール）に置かれた。

カニシカ王の功績は領土拡大もあるが、何といっても仏教の普及にある。いわゆる大乗仏教はカニシカ王により中央アジアから東アジアに伝えられたのである。この時代にはガンダーラの仏教美術が黄金時代を迎え、仏像も初めて登場した。ガンダーラの仏教美術がギリシャの影響を残しているのはグレコ・バクトリアの影響を受けているからである。大乗仏教の普及が大月氏によって行われたことは記憶に留めておく必要がある。

　巻頭初めに記した通り、3世紀に入りヴァースデーヴァ王の時、中国の魏に朝貢し「親魏大月氏王」の金印を

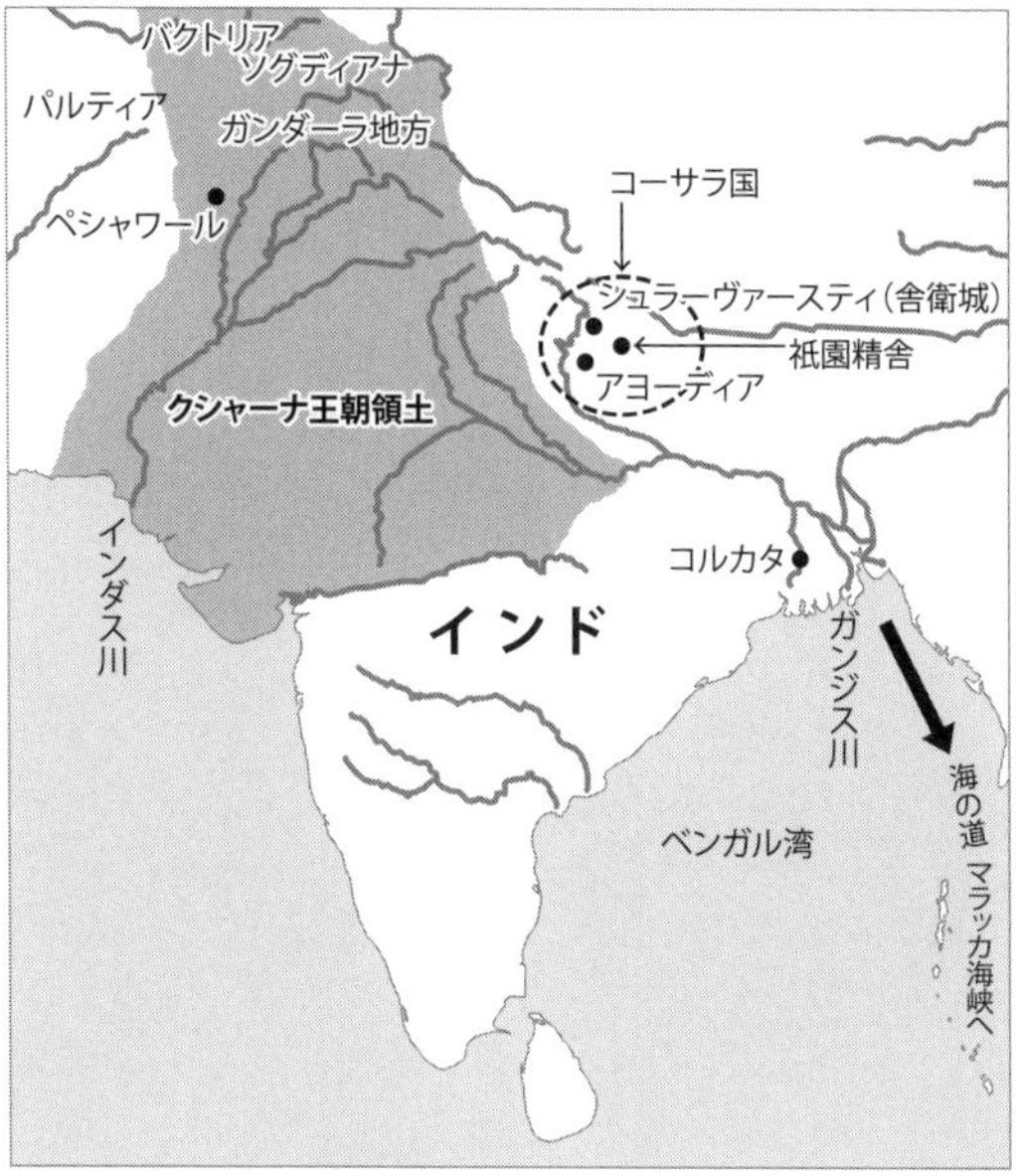

図16　クシャーナ王朝地図

贈られている。邪馬台国の「親魏倭王」の金印と同じ時期である。しかし実際はこのころクシャーナ朝はかなりインド化していたようである。クシャーナ朝の繁栄は交易に支えられており、特にローマとの交易によって得られた多大の金がティリア・テペなどの黄金に繋がったのであろう。

クシャーナ朝はインダス、ガンジス川の流域を領土としているため、インダス、ガンジス川を下ってカラチやコルカタ（カルタッタ）の港から「海の道」を使った交易も行われているはずである。

クシャーナ朝において月氏は最も隆盛した（後漢書）のである。

3世紀後半には台頭してきたペルシャのサーサーン王朝に征服され375年滅亡したが、第二クシャーナ王朝ともいうべきキダーラ朝はその後もサーサーン朝と戦い468年には滅亡したと伝わる。

ここに月氏の国は滅亡し、その遺民は世界中に分散し、様々な民族とも合流して、トカラ語も死語となっていくのである。（タリム盆地では8世紀頃まで話されていたようであるが、840年頃には使われなくなったと伝わる。）

◎新たな覇者の興亡

パルティア王国（安息国と呼ばれた国）

西には安息国として知られるパルティア王国がある。紀元前247年、アレクサンドロス3世の死後分裂してできたパルティア王国は現在のイラン、イラク、トルクメニスタン、アフガニスタン西部、パキスタン西部、トルコ東部にあたる広大な地域を支配した王国であり、紀元後224年まで実に470年の長きにわたり存続した。建国者の名前からアルサケス朝ペルシャと呼ばれることもある。

台頭するローマと一進一退の戦いを続けた強国である。パルティア王国はローマと長安を結ぶシルクロード上にある大国であり、インド、エジプト、ローマから東の中央アジア、中国などのあらゆる物品が取引され、交易の国として大きな富を得て繁栄したのである。

その歴史は戦いの歴史であり、はじめバクトリアを内紛に乗じて統合、さらに西部のメディアも征服し、次にセレウコス朝シリアと戦い統合したのち、ローマとは熾烈な戦いを繰り広げた。パルティアの歴史は大半がローマとの戦いの歴史である。

正倉院に伝わる「獅子狩文錦」（唐時代のもの）は馬上から振り向きざまに矢を射る有名なパルティア射法を図案化したものである。

パルティアはメソポタミアをめぐる戦いで最終的に勝利するが、度重なるローマとの戦いにより疲弊弱体化し、勃興してきたサーサーン朝ペルシャによって滅亡に追い込まれたのである。パルティアの要塞都市ハトラ（紀元前1世紀・世界遺産）は二重の城壁に囲まれローマ帝国の猛攻を幾度となく撃退した難攻不落の要塞として、今日その姿を残している。またパルティア王国発祥の都市遺跡として知られる「ニサ遺跡」（トルクメニスタン）からはゾロアスター教寺院など様々な遺跡とともにニサのヴィーナスや象牙のリュトン、神像など往時を偲ばせるものが多数出土している。パルティアはこれら古代遺跡の宝庫であり、まだまだこれから発掘が進められるであろう。

パルティアはシルクロードにある国として当然ながら長安とは物の交流だけではなく人の交流も行われている。中国側（前漢）はパルティアのことを安息国と呼んでおり、安息国から来た人のことを「安」姓で呼んでいたようだ。仏典を最初に中国語に翻訳した僧に安世高がいる。高句麗の広開土王は中国側から句麗王「安」とよばれている。何らかの形でパルティアと関連していた可能性がある。

日本とつながるサーサーン朝ペルシャ

もう一つ古代日本と関わりのあった国がサーサーン朝ペルシャである。中国や日本ではペルシャ人のことを「波斯人」（はしひと）と呼んでいるが、それはサーサーン朝ペルシャ人のことである。このころの文献ではペルシャは波羅斯（パラシ）となっており、そこから波斯と呼んだのである。

サーサーン朝の初代国王はアルデシール一世であるが、サーサーンというのはアルデシールの祖父の名からきている。祖父はゾロアスター教の大寺院の守護者であることから、国教はゾロアスター教（拝火教）とした。

サーサーン朝ペルシャはローマ帝国と激しく戦い、勝利してからは強大化したが、5世紀初め中央アジアに興ったエフタルの侵略をうけ、484年には国王ペーローズが戦死するなど窮地に陥り、エフタルの属国のようになってしまう。やがてホスロー1世の時、西突厥と組んでエフタルを滅ぼすが（559年）、今度はその西突厥の侵略をうけ属国のようになる。しかしホスロー2世の時ビザンツ帝国の混乱につけこみ小アジアに進出、一時はエジプトにまで進出するが、体制を立て直したビザンツ帝国により挽回される。結局は勃興したイスラム勢力に敗れ651年に滅亡するのである。400年以上続いた大国ではあったが、その後半は戦いが続き不安定な国家運営となったため、東方の国々との外交を活発に行い、支援要請のため北魏、宋、高句麗そして日本にまでやってきている。正倉院にはこのサーサーン朝ペルシアの宝物が多く残されている。

正倉院に伝わる「螺鈿紫檀五弦の琵琶」はインド産の紫檀が使われ、インドから中央アジアの亀茲国に伝わり唐から日本に入ったものとされる。世界最古のものといわれるこの琵琶は中央アジアのオアシス都市と思われる図柄が描かれている。

これも大月氏のクシャーナ王朝で中央アジアにいたころを偲んで作られたものであろう。

エフタルとは何か
エフタルは5世紀から6世紀にかけて中央アジアに存在した遊牧国家である。

サーサーン朝ではスペード・フォーン（白いフン）、あるいはヘプタルと呼んでいた。

エフタルは5世紀中頃アフガニスタン東北部に起こり（アルタイ山脈から南下してきたという説もある。）、バクトリア、ガンダーラを支配下に置いた。6世紀の初めには中央アジアの大部分を制する大帝国となり、東はタリム盆地のホータンまで、南はインドの北西部までを支配した。つまりかってのクシャーナ王朝に相当する領土を持ったのである。エフタルは白いフン族などともいわれるが、その出自からみれば、大月氏に近いのではないか。中国史書では、その習俗は吐火羅（トカラ）と同じとある。

おそらくその地理的な状況からして、イラン系、匈奴系、ソグド系などと交わり多民族型の民族となっていたと考える。559年、突厥と組んだサーサーン朝ペルシャによって滅亡する。

トルコの祖・突厥《とっけつ》可汗国《かがんこく》

6世紀に入ると中央ユーラシアには新たな覇者が現れる。突厥可汗国である。彼らは自らのことを「テュルク」と呼びテュルク語を話したが、可汗国全体ではソグド語を公用語とした。かって柔然（じゅうぜん・5～6世紀モンゴル高原を支配した。）に隷属しアルタイ山脈の南で製鉄のための労働に従事させられ製鉄奴隷と呼ばれたが、552年に柔然から独立、その製鉄技術をもって強力な部族となった。

サーサーン朝ペルシャと組んで559年エフタルを破ると、西はアラル海、東は渤海、北はバイカル湖、南はゴビ砂漠まで一大帝国を築き上げた。中国北朝の斉・周と、隋・唐と深く関係し、その大半の歴史は中国との戦いと融和の歴史である。隋の時代、東西に分かれ、それぞれ一時栄えたが、780年頃滅亡した。

現在のトルコ共和国はこの突厥の後裔としている。（テュルク＝トルコ）アナトリア半島には古代よりヒッタイトをはじめ様々な国の興亡があり、複雑な歴史を持っているが、15世紀にビザンツ帝国（東ローマ帝国）を滅ぼしたオスマントルコは地中海諸国のほとんどを領土化し、一大帝国を築き上げた。

チベット高原の覇者、吐蕃国

チベット高原が吐蕃《とばん》という国によって統一されたのは617年の事である。秦の時代、秦の西には羌《きょう》があり、チベット高原と接していたが、その羌の北には月氏が居た。漢と匈奴の戦いにより、匈奴は月氏を中央アジアに追いやったが、羌の一部はチベット高原に進出しチベット人の祖となったと言われる。チベット高原には南部からも断続的に移民が入り、6世紀まで続いた。中国西南部の四川省、青海省にはチベット・ビルマ系のタングートと呼ばれる部族が居たが、彼らの前身は羌族であった。またタングートは苗族との関連も指摘されている。

7世紀に吐蕃王朝が成立するまでチベット高原は多くの民族の交流と流入が続いたが、それは唯一といってもよい統一国家のない広大な地域として、中央ユーラシアの流民の受け皿となっていたことを示している。

チベット帝国の統一者はソンツェン・ガンポ王である。チベット帝国は中国・唐からは吐蕃と呼ばれた。その歴史は唐との戦いの歴史であるが、最盛期にはネパールからタリム盆地、吐谷渾やインド・ガンジス川流域にまで進出している。8世紀には中国南部の南詔（南越、雲南地方など）をめぐって唐と争うが、唐とは講和し、南詔の冊封を受ける。さらに安史の乱以降、弱体化した唐に攻め込み一時は長安を占領するが（763年）、疫病により撤退する。8世紀後半には吐蕃は中央ユーラシアの大国となっていたのである。

7世紀、唐は新羅とともに朝鮮半島の高句麗、百済と戦い勝利しているが、新羅が半島統一の動きを見せたため新羅と対立している。この頃、唐は吐蕃と激しい戦いを繰り広げており、東アジアのほうに兵力を使う余力はなかった為か、和睦し、唐に臣従させる形で事を収拾している。

この時、唐が予定通り半島を統一し、新羅を領土化していれば、次は日本ということになったかもしれない。

その後吐蕃は南北に分裂し、869年内乱により滅亡する。

羌族（チャン族）との繫がり

紀元前1700年頃、殷の時代から羌《きょう》の名前は登場する。羌は殷よりも古い中華文明、夏とつながっているという意識があるのか、十一世紀には宋の北西に大夏（中国側からは西夏と呼ばれる。バクトリアと間違えやすいので西夏と呼ぶことにする。）を建国している。羌は中国でも最も古い民族の一つなのである。その言語は漢語ではないとされ、現在の羌族のチャン語（チベット・ビルマ語に分類）とする説とインド・ヨーロッパ語（特にトカラ語）に分類する説がある。様々な歴史の混乱の中を生き抜いた羌族は単純には分類しがたいものがあるが、トカラ、つまり月氏ともつな

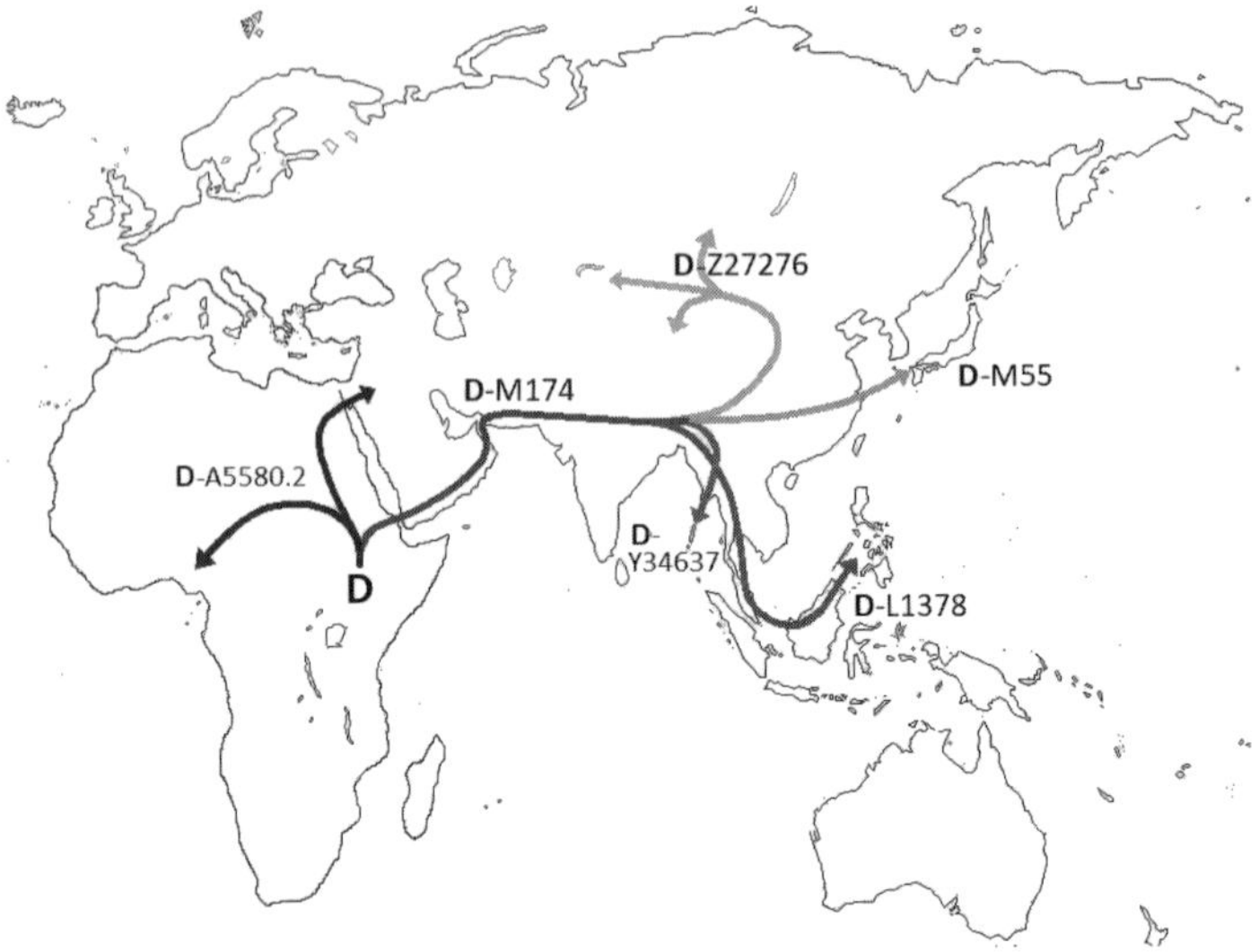

図 17　ハプログループＤ人々の移動想定経路図（wikipedia“ハプログループ D1a2a（Ｙ染色体）”より引用）（© Maulucioni, Licensed under CC BY-SA 4.0）

がっており、チベット族ともつながっているのである。

後漢時代の地図を見れば、後漢の北部には鮮卑があり、西部には羌と氐《てい》がいる。羌族は基本は中華の強国に付随する形で存続してきたが、西に位置する地理的環境から、西域諸国と呼ばれたタリム盆地を含む地域（月氏の故地）とも関係が深く、主な種族の中には小月氏に属する種族もある。その南はチベット高原であるが、羌族は四川省や雲南省のチベット系諸民族とも言語的文化的につながりが深い。遺伝子の研究によれば、ハプログループＤの移動想定経路は羌族やチベット族の地域を通って日本に伝わっている。

このことは言い換えれば、日本人は羌族

とつながりがあることになる。羌族（チャン族）は日本人とよく似ていると言われるが、歴史的に見れば、つながりがあるのである。

なお、11世紀に西夏を建国したのは羌族の末で「タングート」と呼ばれた人達であるが、彼らの言語はチベット・ビルマ語である。また西夏はモンゴルのチンギスハンによって滅ばされており、モンゴルの影響も受けていると言われている。

このようにユーラシアの国々は何らかの形で日本と直接的、間接的につながっている。特にユーラシア古層（ハプログループD）の人々の移動想定経路に当たる国々は日本のルーツにもつながっている。

月氏は倭国がまだ統一国家ではない時代に倭王権に入った民族であり、その姿は「伽耶」という衣で覆われていたため、その実体は日本人には殆ど知られていない民族である。

次章では、伽耶という国（あるいは名を変え新羅と呼ばれた国）の正体を知ることにより統一以前の古代倭王権の実体にアプローチしたい。

●付記

1、埴輪から類推する中央アジアからの移民

綿貫観音山古墳出土埴輪「胡座を組み合掌する男子」より帽子をかぶり、美豆良《みずら》をした埴輪は何処から来たのか？

群馬県から発見される埴輪は毛野氏のものだと思うが、どう見ても日本の衣装ではない。甲冑を付けた埴輪もあるが、これも日本のものではない。

図18　胡座を組み合掌する男子埴輪
（綿貫観音山古墳出土）
所蔵・資料提供：群馬県立歴史博物館、
本埴輪は国宝につき国（文化庁）が保管

彼らの首長とみられる人物は帽子をかぶっている。あのつばのついたとんがり帽子も日本の物ではない。ユダヤ人と似ているというが、衣装は中央アジアか、東アジア北部の匈奴か、モンゴル系の物のように見える。筒袖、合わせの上着、腰帯にズボンというのは胡人の衣装である。基本は乗馬のための服であり、騎馬民族ということになる

と思う。帽子は中央アジア人にとっては誇りを表すものであり、とんがり帽子も中央アジアではよく見られるものである。

美豆良《みずら》もまた中央アジアの民族には多く見られるもので、タリム盆地の人々やソグド人などにもみられ、アフガニスタンの人形にもカールをした「みずら」を持つものもある。モンゴルの辮髪（両側におさげ）も「みずら」と呼べるものである。ただし全員が「みずら」をしたわけではなく、首長などの身分の高い人に多いようで、一種のおしゃれ（装飾）なのかもしれない。古来、日本では幼少期の子供に多い髪型であった。したがって「みずら」から民族を決めることは出来ない。これらの事からこの埴輪が中央アジア系の人物であることは間違いないと思う。中央アジアは東西の民族が交錯した人種のるつぼのようなところであった。

この埴輪の人物は合掌をしているが、合掌はインド起源の宗教の礼拝の仕草である。胡座を組み合掌している埴輪は仏教を信仰する中央アジア系人物といったところか。

群馬県を中心とする地域は上毛野《かみつけの》、下毛野《しもつけの》とよばれた地域であり、多くの古墳が存在する。なかでも人物埴輪や馬埴輪は様々なものが出土しており、当時の状況を知ることができるが、彼らが馬を飼育する騎馬軍団であることは間違いなく、残る前方後円墳からみて武力をもってヤマト朝廷に仕えた集団であろうことは想像できる。埴輪からみた馬はたてがみが立った古代蒙古馬であり、先述のトカラ馬と同じに見える。問題は何処から来たかである。先に述べた中央アジア風衣装から中央アジアの可能性があるが、『新撰姓氏録』にもある通り崇神大王の皇子・豊城《とよき》入彦《いりひこ》命がその始祖ということになっているため、崇神大王と繋がるのかもしれない。崇神大王は伽耶からきている可能性があり、従って毛野氏はトカラ人の可能性がある。

2、北方民族が支配する中国

秦の時代、北方は匈奴であり、その東は東胡と呼ばれた鮮卑族などであり、西方は月氏、羌族であった。黄河中流域を漢民族が制して中華帝国が築かれたが、最初の統一国家となった秦の始皇帝以来、常に北方民族の侵入に悩まされた。初めは匈奴であり、やがて匈奴は漢民族と同化し匈奴漢なる国も出現する。匈奴が弱体化すると氐族《ていぞく》の符氏が前秦を建国し華北統一するかとみられたが、東晋に敗れ、今度は鮮卑族が台頭し慕容部が燕を建国し、同じ鮮卑族の拓跋《たくばつ》部《ぶ》が北魏を建国、北魏は華北を統一し、後漢の東晋と南北朝時代を築き上げた。つまり中原と呼ばれた中華の地域は、匈奴―氐族（符氏）―鮮卑族（拓跋、慕容）と常に北方民族が支配したのである。

つづいて南北朝時代を終わらせ全土統一したのは拓跋部の隋帝国である。さらに唐帝国となったが、これも鮮卑の拓跋部である李氏であった。

唐帝国のあと、漢王室の再興を目指して宋が建国されたが、宋は北方民族の内モンゴルを支配した契丹に毎年、銀を10万両、絹を20万匹贈ることで同盟を結び和平を保った。澶淵《せんえん》の盟である。その後、宋は女真族の金に華北を奪われ、南宋となる。

そのあとが一大帝国を作ったモンゴル元の時代となり、元の滅亡後は、長江の南から明国がおこったが、北虜南倭と言われた如く、北からはモンゴル、南からは倭寇に悩まされ続けた。明のあと、ツングース系満族《まんぞく》の清が中国最後の帝国を建国した。

こうしてみれば中国は漢民族の国のように思われているが、実際はほとんど匈奴以来、満州族の清まで北方民族が支配する国だったのである。（中国の首都が幽州と呼ばれた北方の僻地であった北京に置かれているのは故あることなのである。）

3、大乗仏教を広めたのは大月氏

古代より、人は争いをやめず、恨みは恨みを呼び、災禍は絶えなかったが、その中でひとすじの光明が、宗教であったであろう。紀元前6世紀にインドの北東部に始まった仏教は現存する最古の世界宗教の一つである。仏教はインド北東部から北西部のガンダーラ（パキスタン）からバーミヤン（アフガニスタン）を通り、中央アジアに入り、中国、朝鮮、日本に伝わった大乗仏教と、インド北東部から南下しスリランカ、タイ、ミャンマー、カンボジア、ラオスなどに伝わった上座部仏教に分かれるが、まさに紀元前6世紀から8世紀まで古代史とともにあった宗教といえる。大きな影響を与えた国は数知れず、古代史に登場する国のほとんどと言えよう。

特に仏教と月氏との関係は深く、大乗仏教は大月氏であるクシャーナ朝が広めたと言っても過言ではないと思う。クシャーナ朝はカニシカ王のとき最盛期を迎えたが、カニシカ王は仏教に深く帰依したため、首都プルシャプラ（現在のペシャワール）やガンジス川上流のマトゥラーでは仏教が栄え、マトゥラーは仏教都と呼ばれた。初めて仏像が作られたのもこの時代である。仏教美術はガンダーラに始まり、バーミヤン、中央アジアの城郭都市から敦煌の莫高窟、北魏の時代には雲崗石窟や龍門洞窟など数々の遺跡を残した。中央アジアは中国への仏教伝来の架け橋となり、先述の亀茲の鳩摩羅什やサマルカンドの康僧鎧《こうそうがい》、呉に渡った大月氏の支謙などは仏典の中国語への翻訳を行ったことで知られる。

近年、仏教は再び復活の兆しを見せているようである。中国ではおよそ3億人の信者となり、インドでは約1億5000万人の信者となっているとのメディア情報もある。インドはヒンドゥー教の国であるが、脱カーストの動きから仏教への回帰が起こっているようである。また中国、日本、東南アジアからの欧米への移民により、欧米においても仏教への関心が高まり、信者数は拡大の傾向にある。

4、李白は西域の出身か

詩仙李白の出生については不明な点が多く幾つもの説があるが、西域の少数民族の生まれで25歳までは蜀の清廉郷（四川）に住んだということは一般に言われている。一説では砕葉《スイアブ》・キルギス共和国トクマク付近で生まれたとされる。

李白は月氏の詩も詠んでいる。「天馬歌」のなかで、「天馬来出月支窟」と、天馬は月氏の洞窟から来たと詠んでいる。また西域に関連する詩も多く、「関山月」の中では、「長風幾万里吹度玉門関……由来征戦地　不見有人還……」とあり、玉門関を出て西域に向かった戦士で帰ってきたものがいるだろうかと詠っている。

李白の死を巡っては名高い「捉月《そくげつ》伝説」がある。長江の名勝・采石磯《さいせきき》で舟を浮かべ、月を見ながら酒を飲んでいた時、水面に映る月を捉えようとして溺死したという伝説である。生涯、酒と月を愛した李白のために作られた伝説のようにも思えるが、西域人にとっては月は故郷を偲ぶ特別なものであったに違いない。

第三章　不思議の国、伽耶

日本の古代史の理解を妨げている問題の一つに、新羅と伽耶の問題がある。

新羅と伽耶を正しく理解することは古代倭国の歴史を理解するキーポイントであるが、その理解は殆どが『三国史記』（百済本紀・高句麗本紀・新羅本紀を中心とした史記、12世紀に完成）と『三国遺事』（三国史記の補完的史書、13世紀に完成）の内容にとどまっている。両書とも後世の作であり、虚実は混交している。最大の問題は伽耶が正しく理解されていないので、新羅の本当の姿が見えないことである。伽耶はある意味不思議な国である。伽耶を知り、新羅の本当の姿を知ることが必要である。

◎伽耶とは何か

朝鮮半島南部にはかって伽耶という小国家群があり、伽耶こそは日本のルーツであるという説がある。それは金海をはじめとする伽耶の遺跡群から出土した副葬品は、ほぼ日本の古墳から出るものと同じものが出土しているからである。

神武が東遷したとみられる3世紀末以降、4世紀中頃から日本の古墳から伽耶系副葬品が出土し始める。そして5世紀中頃まで金官伽耶系のものが出土し、5世紀後半から6世紀初めまで大伽耶系のものが中心に出土するようになる。

金海・釜山地域からは多くの倭系文物（巴形銅器・筒形銅器・紡錘車型石製品など）といわれたものが出土しており、これらのものは一方的に伽耶から来たものばかりではなく、倭国からも伽耶に行っていることがわかる。

やがて古市・百舌鳥古墳群が出現するころからは甲冑などの武器武具は伽耶系から大陸系のものに移行しはじめる。

このことにより神武以降、伽耶系の影響力が倭国の王権におよび、それは初め金官伽耶のものであり、後には大伽耶のものとなったことがわかる。（後述するが、金官伽耶は382年、奈勿尼師今の時、新羅に婿入りし、金官の主力が新たに建国した新羅に移った為、金官伽耶そのものは国威が低下し、532年には新羅と一体化する。大伽耶は479年に中国の南斉に朝貢しており、この頃から6世紀の中頃までが全盛の時とみられる。）

そして百済・高句麗系の勢力の登場により、伽耶から満族系のものに変わっていったことを示している。応神以前、倭国は深く伽耶と関与したのである。

伽耶とはいったい何者であろうか。その話に入る前に伽耶という言葉から入っていきたい。

筆者は第一章で、中央アジアからインドに入り、インドから海の道を通って中国江南に到着して、そこから九州や韓半島南部に至ったグループがあり、彼らはトカラ人つまり月氏であることを述べ、南九州に至ったグループは神武となり、韓半島南部のグループは伽耶となったことを述べた。

そうすると伽耶とは何かということを考えるには、彼らが元々居た中央アジアか、インドに視点を移さねばならない。

インドの北東部には仏教の聖地として名高い「ブッダガヤ（仏陀伽耶）」がある。

ブッダガヤとは「仏陀が悟りを開いた場所（聖地）」という意味だそうであるが、ブッダガヤは bodhgaya と書き、bodh は仏陀がその下で悟りを開いた菩提樹のことであり、転じて「仏陀が悟りを開いた」という意味になるようである。そうすると gaya（ガヤ）は漢字圏では伽耶という漢字があてられカヤとも呼ばれているので、伽耶とは場所（聖地）という意味になることになる。

金官伽耶で当てはめると「金氏の場所（クニ）」ということになろうか。

伝説によれば、伽耶は6つの金の卵から生まれ、最初に生まれたのが、金首露《キムスロ》で金官伽耶となり、後の5つが安羅伽耶、小伽耶、星山伽耶、古寧伽耶、大伽耶となったとある。つまり、金官伽耶がグループの兄貴分ということになるが、彼らは中央アジアの亀茲からインドに移り、その一部はインドから江南に入り、韓半島南端にやってきて、そこを金官国など6つの国の土地と呼んだことになる。

〈補注：伽耶と伽羅、駕洛、はすべて同義語である。従って伽耶で統一しても間違いではないので、伽耶（カヤ）で統一しているが、本来はカラと呼ぶべきである。〉

ガヤと伽耶は同じとしたが、別の見方もできる。伽耶（カヤ）は本来カラ（伽羅・駕洛）と呼ぶべきで伽耶はカラが訛ったものとする見方である。（羅人とはいうが耶人とは言わない。）

このカラ（伽羅・駕洛）という言葉は双魚紋のことをカラと言ったり、豊《とよ》のことをカラと言ったり色んな使い方がみられるが、トカラ人のことを指しているとも見れる。つまり伽羅はトカラからきており、トカラが短縮されてカラと呼ばれるようになったのではないかという見方である。そうすると金官伽羅はトカラ人である金氏の国ということになり、大伽耶は大伽羅（大駕洛）であるので大きな（偉大な）トカラ人の国ということになる。

伽耶語とは如何なる言葉なのか全くと言っていいほど今となってはわからないが、韓半島の言葉とは違っていたようである。恐らく元はトカラ語であったと思うが、バクトリア、インド、中国江南と経るうちに相当変化したものと思われる。中国が大月氏国と呼んだクシャーナ王朝では相当インド化していたと言われている。

古朝鮮の地図には伽耶の名前も、百済の名前もない。伽耶の名前が出てくるのは2世紀末〜3世紀に入ってであり、百済は3世紀半ばからである。彼らは他国からやって来たのである。『駕洛国記《からこっき》』では首露王が降下したのは紀元後42年となっているが実際は2世紀であろうと思われる。

3世紀の初め韓半島南岸には浦上《ほじょう》八国という小国家群があり、共同して辺境（伽耶または安羅）に侵入したが、新羅（当時はまだ斯盧国）の太子がこれを撃退し、浦上八国は降伏したとある。（三国遺事、および三国史記）この浦上八国とはおそらく狗邪韓国のことであろうが、この頃には伽耶六国はすでに半島南部に到着していたことになる。伽耶は2世紀頃韓半島南部の洛東江河口に入り、建国していたのである。斯盧国の太子の兵が動いたのかどうかはわからないが、事実は浦上八国は自らの領域に侵入してきた伽耶を追い出すために戦ったが、伽耶に勝てなかったため降伏したということであろう。斯盧国が対応したとは考えにくい。このの5狗邪韓国も浦上八国も歴史には登場しなくなる。

中国史書（三国志・後漢書）には狗邪韓国は倭国の北岸という記載もあり、倭国の北端とも理解されるが、狗邪韓国という国名は後の合成語で実際には存在しなかったのではないかと筆者は考えている。

382年に斯盧国（しろこく・魏志韓伝にある辰韓12国のうちの一つ）は金官伽耶から王（婿）を迎え、新羅国となったが、そのあと532年に金官伽耶を吸収している。そのあと伽耶諸国をまとめたのが大伽耶である。しかし大伽耶も優勢となった新羅によって562年に併合されている。つまり最終的には伽耶諸国は新羅という名前で統合されたのである。

古墳時代の始まりと共に、倭国は伽耶から先進の技術や情報、道具、鉄を入手し、それらを自らの文化として定着させていった。５世紀は日本の第１次技術革新の時代と言ってもよい時代であったのである。須恵器も鉄器も武器も金工も馬の飼育も、炊事や厨房道具まで伽耶から多くのものが伝わった。伽耶こそは古墳時代から始まる新たな文化の担い手であり、古代日本にとって、最も影響を受けた国だったのである。

◎羅国とは何か

伽羅と伽耶と駕洛はすべて同じ意味と述べたが、それでは羅国とは何であろうか。

任那伽耶には安羅国・多羅国・伽羅国など羅の字のつく国名があり、新羅も同じであるが、羅国にはどういう意味があるのであろうか。

第二章でも触れたが、ソグディアナにいたソグド人は後漢から三国時代にかけて中国との交易のため、漢字の姓を持つことになった。（姓を持たないと中国では低く見られたからである。）いわゆるソグド姓である。サマルカンドにいたソグド人は姓を「康」とし、ブハラにいたソグド人は「安」を姓としている。この時、ソグディアナにいたトカラ人（月氏）は自らの部族の姓を「羅」と名付けたという説がある。

ソグディアナには様々な民族が住んでいたと思われるが、その中にトカラ人もいた。彼らは

図 19　1～2 世紀の韓半島地図

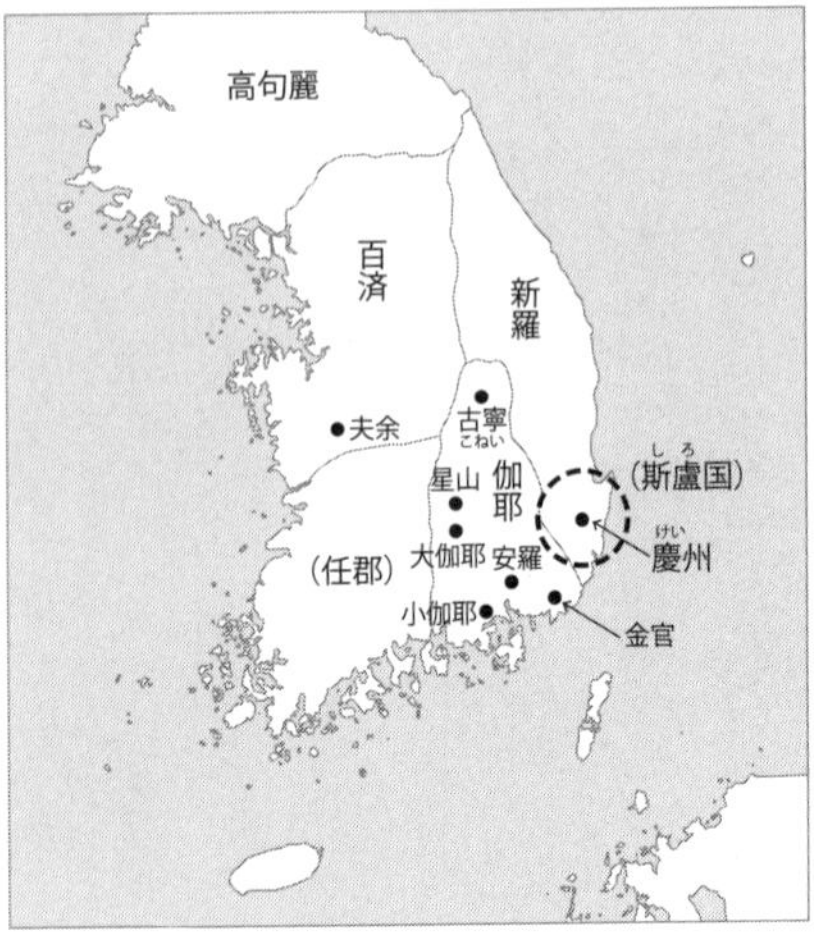

図 20　4～5 世紀の韓半島地図

トカロイと呼ばれ、その居住地はトハリスタンとよばれたが、中国で使うソグド姓としては「羅」としたようである。しかしトカロイは交易のため中国へはあまり行かなかったのではないか。彼らには東方での苦い記憶（漢と匈奴）があり、その主力はバクトリアに侵攻したからである。

　常識的には、中国の文献ではトカラを漢字であらわしたものは、吐火羅、または都貨羅など羅の字を用いており、中国姓も羅としたため、トカラ人を羅人と略して呼び、羅人の国を羅国と呼んだというのが自然な見方であろう。

　もしそれが正しければ、国名に○○羅国と名付けた人々は自らの祖族がトカラ人であったことを知っていたことになる。

中国では羅の字がつく国の人を羅人と呼ぶ向きもあり、三国史記では「羅人自謂少昊金天氏之後」とあり、羅人は中国古代五帝の一人、少昊金天《しょうこうきんてん》の後（末裔）と自ら言っていると記している。しかしこれは根拠がなく、何かといえば天帝の子に結び付けたがる大陸人の傾向の一つとしか見るわけにはいかない。

◎任那とは何か

それでは任那とは何か。日本と韓国の歴史的領土意識が絡み、ややこしいが、基本的には任那と伽耶とは別である。そして任那とは倭国と呼ばれた時代の韓半島における日本の領土であったことは間違いがないと思う。（任那という言葉から推定されるのは、倭国の内官家《うちつみやけ》、つまり倭国に朝貢する国や地域ということであるので領土という表現がピッタリではないかもしれないが、区分すれば領土ということになる。さらに韓半島南岸地域は狗邪韓国と呼ばれており、この狗邪韓国も倭国の領土であったという見方がある。）

日本書紀には仁徳紀に「紀角宿祢を百済に遣して、始めて国郡の境を分かちて具に郷土所出を録す。」とある。これは半島南部にある倭国の領土の境を明確にしたということである。また継体紀には「任那の国のオコシタリ、アラシタリ、サダ、ムロの四県を百済に与え、さらにのちに「コモン、サタ」の地を百済に与えた」とある。

倭国の領土でなければ百済に分け与えることはできない。

伽耶が倭王権に浸透していた時代には、倭人もまた韓半島に渡り、倭人が住むエリアをもっていたのである。百済の栄山江流域にはおよそ14基の前方後円墳が発見されている。倭人の名前も残っており、倭人が住んでいたことは確実である。そのほか日本書紀に登場する安羅の日本府（倭府）の存在も当時の状況を考えれば在って当然のものであろう。欽明帝が任那の復興に努力したことも、その後の史実からみて詳細であり信用できるものである。

『日本書紀』の欽明紀には「任那とは、加羅国・安羅国・斯二岐国・多羅国・卒麻国・古嵯国・子他国・散半下国・乞飡国・稔礼国の十国である」とある。

政治的な思惑や、歴史的な経緯があるのか、わからないが、こちらは伽耶と任那を一緒にして任那と呼んでいる。つまり欽明帝にとっては伽耶も任那も同じ倭国の範囲という見方なのである。言い換えれば欽明帝は伽耶から来た倭王なので、伽耶も任那も倭国の範囲ということになるのである。

◎金官伽耶という国

金官とは金を司る役所のことであろうか、それとも金氏を名乗る部族のことであろうか。神話では始祖王は金の卵から生まれたことになっている。『三国遺事』にある伽耶の始祖神話『駕洛国記』には始祖王首露は天から亀旨の峯に降下したことになっている。またその妃は阿喩陀国《あゆだこく》（インドのアヨーディアに比定）から来た許黄玉（きょこうぎょく・ホファンオク）であると書かれている。

この始祖神話は中央アジアに多いと言われている天からの降下型であり、かつ亀旨とあるので、タリム盆地の亀茲（きじ、くし）であるとみるのが常識的なところであろう。新しく住む処に、以前住んでいた処の名前を付けるのは人の習性である。したがって亀旨の峯に降下した首露は亀茲から来たことになる。

（補注：釜山にある金海遺跡地区には首露王の王陵や王妃の陵があり、首露が天から降下した亀旨峯もある。この地区は洛東江の河口付近に当たり、かっては海に面していたようである。）

初め中国北部から匈奴に追われイシク湖の付近に逃れた大月氏はイシク湖周辺にある金山で金を採掘し、金氏を名乗り亀茲にきていた。この亀茲に来ていた大月氏の一部がインドを経由して韓半島南部に入ったという仮説が本書のベースの一つである。

タリム盆地などの西域は月氏の故地であったが、シルクロードの要衝にあったため、常に匈奴と中華の帝国の侵略の対象となった。度重なる侵略に耐えきれずついに大月氏は西方のバクトリアに移動し、大夏を建国し、さらにインド北西から中部を含むクシャーナ帝国を築き上げたのである。

貴霜翕侯との戦いに敗れた他の翕侯はクシャーナ国の東端にあるコーサラ国に逃げたが、コーサラ国が占領されるに至り、さらに領土内を流れるガンジス川を下り、コルカタの港から「海の道」を通って逃げ、中国の江南に至ったことは容易に考えられる。コルカタ西北にｋａｙａ（かや）があり、昔は「安羅国」と呼ばれたという情報もある。

しかし江南もまた紛争の地であり、戦禍を避けて、海に逃れた部族がいたのである。海に逃れた部族は対馬暖流に乗り、韓半島南部や九州にたどり着いた、それが金官の部族であり、阿喩陀国の人たちであったろう。（この時、阿喩陀国の人々は陸路で四川省に移動したという見方がある。王妃の墓碑に晋州大后とあるからであるが、この晋州は四川省のことではないと思う。阿喩陀国から四川は険路であり、伝説の通り海路を使って江南に移動したと筆者は考える。）

インドのコーサラ国の首都であった阿喩陀国（アヨーディア）の王は先に韓半島南部に着いて王となっていた者を知っており、そこに王女を嫁にやったということである。先述の古代の民族ネットワークである。（紀元後48年とされるが、おそらく2世紀初めであろう。後漢書西域伝によれば紀元後127年クシャーナ朝カニシカ王の時、アヨーディア国を攻略している。）王女の名前は許黄玉であるので江南に渡り許姓を名乗ったと思われるが、会稽で呉の孫堅に平定された許昌の反乱（紀元後172年）の許氏もその一族ではないかと考えられる。

また金官の王家は金氏であり、許黄玉の王家は許氏であるが、王女は十人の子供を産み、そのうち八人に金姓を、二人に許姓を名乗らせたと伝わる。王女は船旅の安全を守る婆娑（ばさ・パサ）石塔を持参してきておりそれがいまも、王妃の陵に残されている。石塔は赤紫色のインド産の石で6段あり上部には仏像が描かれている。阿喩陀国は三蔵法師も訪れた仏教国であり、唐の時代には百以上の寺が並び、数千人の僧が居たと言われる。

図21　アヨーディアの僧門などにみられる双魚紋
LIGHTGALACTICA.com より

図22　首露王陵の双魚紋（wikimedia より）
"Gimhaesi City 20（16867024288）"（© Republic of Korea, Licensed under CC BY-SA 2.0）

許黄玉の国がインドのアヨーディアに比定されるのは、その始祖伝説にもよるが、双魚紋の存在がある。アヨーディアの紋章は双魚紋と呼ばれる一対の魚の紋章であり、アヨーディアでは多くの寺院の門などに描かれているが、それが伽耶の金首露王陵の正門上段にも描かれているからである。また双魚紋をカラと呼ぶ説もある。彼らは双魚紋を紋章とし、子孫繁栄を願ったに違いない。

アヨーディアを首都とするコーサラ国はガンジス川支流の中流域にあり、クシャーナ帝国の範囲に属する地域であるが、クシャーナ帝国が栄える以前の紀元前500年頃には隣国のマガダ国に併合されている。その後、2世紀初めから3世紀にかけてクシャーナ朝の支配下にあったものと思われる。

（補足）

2世紀頃の韓半島地図に弁辰国とあるが、2世紀には伽耶諸国は渡来していたと思われる。先述の如く2世紀初めには許黄玉は嫁入りしているからである。

伽耶諸国はおそらく1世紀の末頃、韓半島南部に渡来し、6世紀に新羅で統一されるまで存続したのである。

金官伽耶の出土品は中央アジア、バクトリア、ギリシャなどの特徴がみられる。

その武具装備は極めて重装備である。馬冑も甲冑も独自のもので韓半島の国のものではない。金細工も精巧でバクトリアの匂いがする。3世紀の金海良洞里《きんかいりょうどうり》古墳の162号墓から出土した豪華なガラス首飾りは西アジアから来たものであろう。金銅製冠は伽耶から新羅に伝えられ日本でも出土しているが、このような冠はバクトリアに端を発するものと想定する。国立金海博物館にはそのシンボル的土器として背中に大きな角状のものが二本ついた騎馬人物像がある。この土器は従来何に使うものかわからないとされてきたが、筆者はこれはリュトンだと思う。本来の使用目的からは外れているかもしれないが、遠くギリシャ・バクトリアの時代からの記憶が生んだものであろう。

◎斯盧国と新羅国……三つの始祖神話がある国

歴史のトリック

辰韓十二国の中の斯盧国はのちに新羅国になる国であるが、その国名は白《シロ》からきているという説がある。斯盧国には三つの始祖神話が存在する。

◇始祖神話1

斯盧国の初代は赫居世《カッキョセイ》であり、卵生神話を持つ。「林の中で馬のいななきが聞こえたのでそこへ行ってみると馬は見えず大きな卵があった。卵を割ると一人の赤ん坊が出てきた。その赤ん坊が大人になり王となった。」という神話である。大きな卵が瓢《ひさご》に似ていたので、辰韓では瓢のことを朴《パク》と呼ぶことから朴を姓としたという。

◇始祖神話2

もう一つは第4代の昔脱解《ソクタレ》の卵生神話である。「倭国の東北一千里にある多婆那《たばな》国の王妃が大きな卵を産んだため、王はこれを不吉として宝物と一緒に箱にいれて海にながしたところ、辰韓の浜辺に着いた。老婆がこの箱を開けると男の子が出てきた。老婆がその子を育てると立派な風格の若者になった。その若者は箱を開けて取り出したので脱解と名づけた」という神話である。その時幸運の鳥とされる鵲《かささぎ》が飛んできたので鵲の字の一部を取り、昔《ソク》を姓としたという。若いころには金官国の首露王と王位を争ったという伝説がある。

◇始祖神話3

三つめは金閼智《キムアルジ》の伝説で卵生神話ではない。金閼智は第4代の脱解王の時代に始林に天降った金の櫃《ひつ》の中から出てきたという神話である。金閼智は脱解王の養子として育てられ、金の櫃の中から出てきたので金を姓としたという。

この神話3はおそらく後から作られたものであろう。養子であれば昔姓のはずである。具体的には昔王朝に金官の奈勿麻立干《なもつまりつかん》が王として婿に入ったこと（金王朝に代わったこと）を言っているのである。

では具体的に見てみよう。

一つの国に三つの始祖神話があるということは、その国が合体してできていることを意味するが、何らかの作為の可能性があることを示している。

新羅五十六代の王系図を見てみると、初代赫居世から3代までが朴氏、4代に昔脱解が入り、5代から8代までが朴氏、9代から12代までが昔氏、13代に味鄒尼師今《みすうにしきん》の金氏（閼智から数えて7代目という）が入り、14代から16代までが昔氏となり、17代の奈勿尼師今から56代までが金氏ということになっている。

ここで13代の味鄒尼師今だけが金閼智の7代目ということで突然に金氏となっているのは少し変な感じがする。14代以降はまた昔氏に戻っているからである。

このことについて筆者は新羅王朝の系図に金官伽耶の金氏が登場しては都合が悪いので（つまり金官伽耶の金氏が登場すると新羅は金官伽耶からきていることになるので）、17代の金官金氏である奈勿尼師今のまえに、金閼智の始祖伝説を挿入し、もともと金氏が居たことにしたのではないか（そして系図もそのように合わせた）という見方をしている。

金氏の由来については匈奴渡来説もある。匈奴渡来説の根拠は新羅文武王陵碑などの各種金石文には金氏が匈奴から来たと書かれているため金閼智は匈奴から来たのではないかという見方である。具体的には前漢に投降して武帝より金姓をもらった匈奴の金日磾《きんじってい》からきているという説である。

しかしそれはルーツを探るため漢の史書から引き出した意見としか私には見えない。

それでは金官伽耶とのつながりが全く見えてこないからである。

なぜ金日磾が新羅の金氏につながるのかその理由も不明である。

また、もしそれが正しければ金閼智の伝説は要らないはずである。

事実は新羅が金官伽耶の国であることは知られたくなかったと想定する。

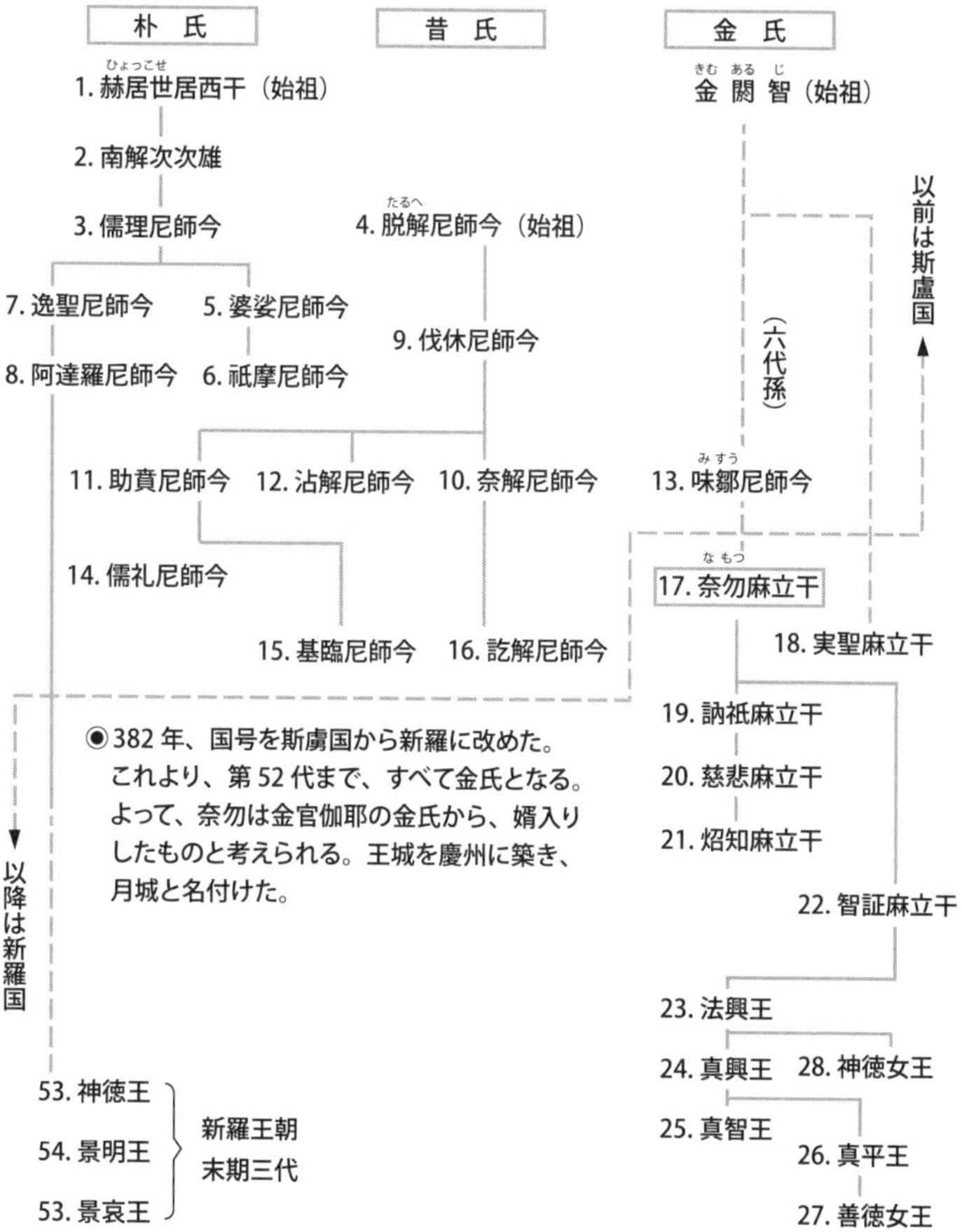

図 23　斯盧国と新羅国の王系図

奈勿尼師今は金官伽耶から来た

では17代の奈勿尼師今はいかなる人物なのか。

『三国史記』には先代の尼師今が子のないまま亡くなったので奈勿尼師今が後を継いだとある。私はこの時に金官伽耶から金氏（奈勿）を婿王として迎えたとみている。なぜならこの時から王姓は金に変わったからである。

斯盧国にとっては金官伽耶はこの地域では有力な隣国であり、金官伽耶から王を迎えることは定石的な発想であると思う。

斯盧国は韓半島東南部にあった辰韓と呼ばれた地域の一国である。4世紀に入り百済は領土拡大のため、応神を送り込んで倭国とつながり、頻りに半島南部にあった伽耶諸国や斯盧国を侵略し始めた。任那と呼ばれた倭国の領土は倭国から百済に割譲され続けたが、これをやったのは百済から倭国に入った百済人である。

このままでは滅亡を迎えることになる斯盧国は王の後継者がいなかったこともあり、金官伽耶から王を迎え、共同して百済倭国に対抗する政策をとったのである。この時、斯盧国は新羅と国名を変えている。382年に前秦に朝貢したとき新羅王桜寒（ヌハン・奈勿のことである）が国号を斯盧国から新羅国に改めたことを報告したとある。（太平御覧・秦書）

これが奈勿であり、奈勿は嫡子を高句麗に人質に出し、高句麗の傘下となって戦うことを決めた。この時、奈勿の要請に応じて立ち上がったのが、広開土王であり、このことが広開土王碑に書かれたことなのである。結果、広開土王は倭国、百済軍を破り、新羅は存続することができた。さらに金官伽耶と姻戚関係となったため、始め伽耶軍として百済軍についていた伽耶諸国は、徐々に新羅に移り始め、新羅はその基盤を固めることに成功したのである。のちに新羅と金官伽耶とは統合するが、金官伽耶から新羅にやってきていた金官伽耶の王家の子孫である金庾信《キムユシン》は新羅の韓半島統一の立役者となった。

このように、新羅が成功したのもすべて金官伽耶の金奈勿の戦略によるものであり、これらのことは奈勿尼師今から始まったのである。

奈勿は自身の王号を尼師今から麻立干に改めている。（系図では次の訥祇麻立干からになっているが、三国遺事では奈勿麻立干と記している。）この麻立干の干（カン・ハン）という王号は騎馬民族・草原の王のものであるハーン（汗、可汗、カガン）とおなじである。

奈勿は金氏であり中央アジアにいた月氏の子孫であるから、その王号は中央アジアの王号に変えたのである。

同時に国号は一連の羅国のなかで新しい羅人の国、つまり新羅と称したのである。

三国史記の分注によれば、奈勿は別名、「那密」というとあり、父は仇道葛文王の子の末仇であり、母は金氏の休礼であるという。

ここで気になるのは、大夏の五翕侯のなかに休密がいる。金官の王は金氏を名乗っているが、名は仇（キュウ・休）を世襲的に使っている。祖父は仇道であり、父は末休、母は休礼そして金官伽耶の最後の王は金仇亥である。仇と休は区別されていない。那密もまた休密に通ずる。

あくまで想像であるが、月氏の末裔である金官伽耶は、大月氏の五翕侯のひとつ休密の系列である可能性がある。五翕侯の貴霜はクシャーナ朝を築いたが、他の四侯は征服されている。征服された休密の一族はクシャーナ朝から逃げて海の道を通って江南に来たのではないかということは考えられる。

また天皇家の姓は休氏ではないかという説もある。前秦の符堅《ふけん》の弟の符洛が再起のための援軍を倭国に求めた時、倭国の王の名は休忍となっており、その休忍とは仲哀大王の皇子忍熊王《おしくまおう》のことではないかという説である。もしそれが事実であれば、忍熊王は大王となっていたので、休氏は天皇家を構成した一族ということになる。天皇の枕詞は「やすみしし」なので休氏のことを指しているのではという見方もある。（小林惠子『海を渡ってきた古代倭王』より）

斯盧国の始祖王の一人、脱解（タレまたはタルへ）は日本人か

先ほど第4代の昔脱解の卵生神話のことを述べたが、脱解は倭国の東北一千里にある多婆那《たばな》国《こく》から箱に入れられ斯盧国に流れ着いたことになっている。この表現からすると多婆那国とは

日本の丹波国（丹後王国という説があるが、筆者はもう少し広域の意味で丹波国としたい。）のことではないかと考えられる。古代朝鮮では一里は約400mと言われているので、一千里は約400kmとなる。また倭国は中国側からの呼び名であるが、倭人伝にある通り、北九州のヤマト国を指しているのでここから東北へ約400kmというとちょうど丹後、丹波地方になるからである。そうすると脱解は日本人の可能性がある。

また金官伽羅の始祖神話『駕洛国記』には脱解が首露王の駕洛国にやってきて、鷹に身を変えて首露を襲うが首露は鷲に変身し、今度は脱解が雀に変身して逃げようとすると首露が隼になって捕えようとした戦いの話が出ている。脱解は鶏林（慶州・始林とも言う）に逃げ戻ったことになっている。この話は先ほどの昔脱解の神話とつながるが、斯盧国は駕洛国と争って勝てなかったことを示している。

地域国家という概念

3世紀までの古代には朝鮮半島にせよ日本列島にせよ統一国家と言えるものはまだ出来ていなかった。各地域には邪馬台国があり、出雲国があり、吉備国があり、丹波国などの地域国家があった。これは韓半島にも言えることである。同時に韓半島にも倭国の領土があり、倭国にも韓半島の国の領土らしきものがあったに違いない。倭国では敦賀から琵琶湖にかけて新羅や百済や伽耶の人たちが開いた土地があり、そこに多くの渡来人が住んでいた印が残っている。継体大王は湖北にいたのであるが、しかし彼は百済人であった。そこは領地というよりも一種の縄張りのようなものかもしれないが、しかしそういう概念がないと多くのことは理解できないと思う。それらの地域国家はそれぞれ交流もあり、また紛争もあったであろう。

◎成長する月氏の国、新羅

先述の如く斯盧国の第17代奈勿尼師今は金官伽耶国からやってきた。他国から来て王に迎えられるのは王か王族である。おそらく王の子であろう。しばらくして、奈勿は王号を尼師今から麻立干に変え、国号を新羅に変えている。これで斯盧国は新羅となり、中央アジアの国の王を国主に迎えたことになったのである。

このころより、弱小国であった新羅は国力増大に成功し、24代真興王のときには百済、高句麗の間をぬって広開土王のいなくなった高句麗領土を奪い、百済の漢山城を含む一帯を奪い取った。この時、百済の聖王を戦死させている。

真興王のもとで強国となった新羅はついに532年金官伽耶を統合し洛東江下流域を制圧する。この時、真興王は金官伽耶の一族を丁重に扱い、王族をそのまま残し、領土も安堵してい

るのである。なぜであろうか。（年号は新羅本紀より）

それは真興王自身が奈勿麻立干から続く金官からの金氏の出自であるからに他ならないからである。

真興王の父は金仇珍である。そして敗れた金官伽耶の王は金仇亥であった。

この時、金官伽耶の王、金仇亥はヤマトに迎え入れられ、欽明天皇となったという説があり、筆者もその可能性は高いと考えている。（澤田洋太郎『伽耶は日本のルーツ』）金官伽耶国は消滅するが、その王は倭王として存続するのである。このことを工作したのは倭国の主導権を握ろうとしていた高句麗＝蘇我氏である。

継体の二皇子、安閑、宣化帝は継体の死とともに暗殺され実在せず、継体の後はすぐに欽明帝となったという見方がある。百済本紀には継体25年条に「日本の天皇、皇太子、皇子共に崩薨」とありそのことを暗示しており、筆者もそのように考えている。継体の死後、皇太子、皇子共に蘇我氏に排除されたのであろう。

なお欽明は二人の皇子をつれて日本に来ており、その皇子とは、のちに登場する穴穂部皇子と宅部《やかべ》皇子のことであると考える。（敏達帝については、その系図自体に不明な点があり、わからないことが多い。）

政権を狙う蘇我氏にとって自ら大王をたてることは悲願であったに違いない。そしてそれから物部氏を破り、政権を握るのである。

のちに天皇の漢風諡号を作った近江三船はこの金海（キメ）から来た王を欽明（キメ）と名付けたのである。

図24　慶州の歴史遺跡地図（慶州歴史地区観光資料より作成）

新羅に残った金官伽耶の王族の金氏からは金庾信が現れ、後年、新羅の半島統一の立役者となる。金庾信は首露王の子孫であり、月氏の末裔ということになる。

月氏はトカラ（月）という言葉からきているという説のほかに、クシャーナ朝が遺した塑像に月が多くみられることから月をトーテムにしていたと言う説もあり、中国側からはクシャーナ朝は大月氏国と呼ばれている。

金官伽耶が月氏の末裔である証拠は、新羅が王城を築いた慶州に数多く残されている。現在ユネスコの世界遺産である慶州歴史遺跡地区には王城・月城の跡があり、なんとこの地形は三日月型に作られている。さらに東宮の池は月池（雁鴨池）と呼ばれる人工池であり、そばの川には月精橋がかかっているのである。

三国史記では2世紀に月城が築かれたことになっているが、発掘調査によれば4世紀中頃から5世紀の初めに建設されたことがわかっている。つまり、この月城は金官伽耶国の皇子奈勿尼師今が斯盧国に婿入りし、斯盧国を新羅とした頃（382年）に築かれたのである。王城は月氏の城として月城と名付けられたのである。

※　注意が必要なのは、新羅は元々は斯盧国であるので新羅全体が月氏の末裔という訳にはいかない。新羅と一体化した金官伽耶が月氏の末裔なのである。

伽耶・新羅・吉備の墓は石積木槨墓

木槨墓は古代中国の殷・周から匈奴の墓まで広く用いられた墓制であり、中央アジア・アルタイ地方の乾燥地帯でも多く発掘されている。つまり古代ではユーラシア大陸の中北部で広く使われた墓制ということになる。伽耶—新羅ではこの木槨墓が使われ槨の周りには石が積まれている。このことは金官伽耶と新羅が一体化したことを伝えているが、この木槨墓が日本最古の前方後円墳と言われる箸墓古墳やホケノ山古墳から発見されるに至り、伽耶と畿内との関連が注目を浴びている。

地域は特定できないが、伽耶の墓形はかなり古いものであることは間違いなく、伽耶が月氏の末裔であれば、古代日本にも月氏の墓形の影響が伝わっていることになる。

木槨墓自体は九州や徳島でも見つかっており、韓半島の楽浪郡からの影響も考えられるが、吉備の浦間茶臼山古墳にもあり、この浦間茶臼山古墳が箸墓やホケノ山古墳に繋がっている可能性がある。墓形も同じバチ型である。また吉備の円筒埴輪や特殊器台埴輪が発見されていることから初期の吉備文化が大和に伝わっていることは間違いない。

従って吉備は伽耶から来た可能性が高い。吉備津神社の社家は賀陽氏（カヨウ・カヤ）であり、香屋臣《かやのおみ》は吉備の氏族である。神武が東遷前に吉備にいたのも伽耶でつながっていたと考えられる。

かっての伊都国とされる福岡県糸島郡には可也山《かやさん》があり、九州北部の邪馬台国と韓半島南部は強いつながりがあったので、伽耶からは多くの人たちが来ていたことは間違いないと思う。その人たちは吉備に入り、大和へ移動し、初期の大和の纏向の時代を構成したのだと思う。その時代は3世紀の初め頃であり、そのあと神武が東遷したのである。

伽耶と日向

日向に残る古墳は日向と伽耶が強い結びつきがあったことを思わせるものである。

持田古墳群の山の神塚古墳からは伽耶に多く残る、環頭大刀や金製垂飾付金環が出土し、その他の古墳からも古墳時代各地で見られる伽耶系のものが出土している。日向の最大の古墳は西都原古墳群の男狭穂塚と女狭穂塚古墳であるが、男狭穂塚古墳は天孫の瓊瓊杵命、女狭穂塚古墳は妃の木花之開耶姫命《このはなさくやひめ》という伝承がある。しかしこの二つの古墳は5世紀のものであり、埋葬品の武器の多さからみて、おそらく応神大王と共に韓半島に出征した日向の豪族の墓であろうと思われる。なお開耶姫の事を「さくやひめ」と読ませているが、これは「カヤヒメ」と読むべきで伽耶から来た姫と言っているように見える。（木花と開耶姫の間には之の字が入り連続していないからである。）

日向に到着したグループと韓半島南部に到着したグループは、その後交流があったことは古墳からの出土品に同じものがあることからも想像できる。

伽耶は大王家と繋がるのか

第一章でも述べた通り、神武一族は中国の江南などの南方から宮崎の日向にやってきた可能性があり、おそらく彼らは大伽耶のグループであったと考えられる。

そして同じ江南からは韓半島南部に金官伽耶をはじめとする伽耶人たちがやってきたと考えられる。両者は中央アジアの亀茲から出発してインドに入り、海の道を通り、中国江南にたどり着いていたのであるが、さらに江南から北九州の遠賀（崗水門）に入ったグループも居たのではないか。そのグループは饒速日と称し、遠賀から畿内に移動したのではないかと推定される。ただし日向の伝説では饒速日は瓊瓊杵尊と同じく日向に天降っており、日向から畿内に入った可能性もある。

神武は畿内に入り、長髄彦《ナガスネヒコ》の軍勢と戦うが、先に畿内に入っていた饒速日の息子（饒速日はすでに亡くなっていた。）のウマシマジ（古事記では宇摩志麻遅と表記）と会いお互いの武器を見せ合った結果、同族ということがわかり、長髄彦は降伏するという話になっている。饒速日と瓊瓊杵尊は兄弟という説があるのでそれが事実とすれば当然同族ということになる。先ほど述べた通り、金官伽耶はどうも大月氏の五翕侯の一つの休氏の系列の可能性がある。そして同じ亀茲から来た神武もまた休氏の可能性がある。

同じ休氏であればつながることになろう。ただし別々となってから、おそらく200年以上の歳月が流れており、遠い記憶のなかでの話となる。亀慈国の王姓は白氏と言われており、休氏の名は見られないが、382年に鄯善国（楼蘭）の国王、休密駄が前秦に入朝したという記録が残っている。

その後、神武大王から、天武天皇までの間に伽耶系の大王が居たかどうかはわからないが、可能性のある大王を挙げれば、崇神、垂仁、景行、成務、仲哀、そして欽明大王ではないかと思う。もし伽耶から来た大王が居たことが事実ならば、なぜそのようなことが起こるのであろうか。

ヤマトはその母体は海人系であるとしても、実態は様々な民族の集合体であった。推戴される王はいずれかの王族の出自でなければならず、貴種でなければならない。またそのことを示すレガリアを持っていなければならなかったであろう。その点、金官伽耶の王国は王族の系列であることははっきりしており、その華麗な金細工や武具は憧憬させるに十分である。もし大月氏の血が残っていれば体格にも恵まれていたであろう。まして神武が同じ大月氏の系列であれば、大王として迎えるにあたり不足はなかったことと思う。伽耶が早くから畿内に進出していたこともプラスとなったことであろう。

先述したが日本書紀崇神紀に大伽羅国の皇子、ツヌガアラシトが気比浦に着き、崇神大王の亡き後の垂仁大王に仕える話が出ている。３年後に国に帰るにあたり、国の名前を御間城大王（崇神）の名をとって御間城（任那の始まりとする）とせよとの話であるが、このような話は身内の間だからこその話と言えよう。崇神大王が伽耶から来たことを想像させる記述である。

月氏のレガリアは藤ノ木古墳に残る

藤ノ木古墳はその二体の埋葬者の比定において様々な論議を呼んだ古墳であるが、埋葬時期からすれば、欽明帝の皇子の穴穂部皇子とその友である宅部《やかべ》皇子という説が有力である。ただし男女の組み合わせの可能性があり、その場合は穴穂部皇子とその妹ではないかと考えられる。棺内に残る骨の状況は北側の被葬者はほぼ残っているが、南側の被葬者の骨は細いためか、ほぼ消滅しており、また南側の被葬者のそばにあった刀は短く女性用のものであることや、女性用の装飾品（高貴の女性に限定されるガラス製の足玉や手玉）を身に着けていたため、南側の被葬者は女性であるという説（玉城一枝氏による）があり、筆者も女性と考えるのが自然であると思う。

宅部皇子は穴穂部皇子と仲がいいので殺されたと書紀には記載があるが、仲がいいから殺されるということはあり得ない。血がつながっているから殺されたのである。埋葬者は穴穂部兄妹であろう。

藤ノ木古墳は反乱に関与した者の墓であるので、正規の埋葬ではないが、物部氏が穴穂部皇子を支持しており、物部氏の縁のものが埋葬したのであろう。付近は物部氏の所領であったと言われている。

問題はその副葬品であり、冠、大刀、履、馬具、装飾品などすべて国宝になっているが、これまでの古墳から出土したどの副葬品に比べても、きわめて豪華なものである。それらの副葬品は小さな歩揺がついており、歩けば揺れてなおきらびやかに見えるものである。歩揺は他の古墳にもないわけではないが格段に多いと思う。その歩揺は鳥と魚の模様が使われており、鮮卑の慕容部や、中央アジア系のものに多く取り付けられている。メソポタミアに起源を持ちローマ時代に広がったといわれるガラス玉は1万点を超える量が出土している。また遺体を絹の布で包むやり方は楼蘭の墓にもあり、シルクロードからのもののように思われる。ベニハナの花粉も多く発見されており、どのような理由でベニハナが使われたのかはわからないが、ベニハナもまたシルクロードから伝わったものと言われている。（古代ギリシャの歴史家ヘロドトスによれば、スキタイの王墓では、遺体の腹を切り開いて中をきれいにし、香りの強い草や種を搗きつぶして腹に詰め込み、縫い合わせる、とある。）

金銅製の鞍金具に使われている模様はパルメット模様（ナツメヤシを図案化したもの）や象や龍、亀甲つなぎ文など中央・西アジアの影響を受けたもので、鞍金具自体が極めて精巧に作られており、いくつかの出土例はあるが、ここまで装飾性の高いものは筆者の知る限り他にはないものである。このような豪華な馬具は被葬者が騎馬民族であり、王族であることを示している。

もう一つ目を引くのは、金銅製の樹木冠である。これも日本では珍しいが、アフガニスタン（バクトリアと呼ばれた地域）のティリア・テペの黄金の冠にみられるものとよく似ている。被葬者は二人とも美豆良《みずら》をしており、髪飾りが出土している。

私はこれらの副葬品からみて被葬者は中央アジアから西アジア（バクトリア）にいた民族の末裔であろうと考えている。バクトリアといえば大夏の大月氏である。つまりこの被葬者は大月氏につながる人物という想定ができる。

穴穂部皇子は、欽明、敏達帝の後、次の帝は自分でなければならないと訴え物議を醸した人物であるが、それを支持した物部氏とつながり、反乱（丁未《ていび》の乱）の原因となったため、蘇我氏に打ち取られたということになっている。

日本書紀では敏達帝は、欽明帝の第二皇子であり、敏達帝は宣化帝の娘・石姫と欽明帝の間にできた子となっており、穴穂部皇子は蘇我稲目の娘小姉君と欽明帝の間にできた子ということになっているが、これらの系図には疑問が残る。宣化帝の治世そのものにも疑問があり、年齢もよくわからない。（宅部皇子も宣化帝の子ということであるがよくわからないというのが本当のところである。宣化帝については百済側の挿入作文ではないかと思われる。）

欽明帝と小姉君の間にできた子は第一には茨城皇子といい、第二を葛城皇子といい、第三を泥部《はしひと》穴穂部皇女（用明天皇妃で聖徳太子の母）という。第四を泥部穴穂部皇子――またの名を天香子皇子――第五を泊瀬部皇子（のちの崇峻天皇）とあり、穴穂部皇女と穴穂部皇子には泥部の文字が付けられている。これはこの二人は他国から来たことを指していると思われるし、穴穂部皇子のまたの名のアマツカノコ（天香子）皇子は伽耶からきた皇子であることを言っているように思える。

日本書紀ではこの欽明帝の皇女、皇子の系列名称について間違っていたので正しいものに変え、大きく変更したことをわざわざ注記している。（逆に正しいものではないと言っているのである。）

おそらく穴穂部皇子は幼少時に欽明帝と一緒に来たと思う。（年齢が30歳未満であれば日本で生まれた可能性もあるが、この辺はもっと詳細な調査が必要である。欽明帝の治世がもっと短い可能性もある。小姉君が誰かという問題もある。断言はできない。）

勿論、宅部皇子（先述の如く穴穂部皇子の妹である。）も一緒に。欽明帝は金官伽耶王のレガリアを穴穂部皇子につなぐため、移譲していったのであろう。出土した馬具や王冠などは当時の日本ではできないものであり、王家に伝わる物としか考えられない。

丁未の乱の一か月前に穴穂部皇子は討たれたことになっているが、常識的には欽明帝と蘇我稲目の娘の間にできた男子を蘇我氏が討つことは考えられない。穴穂部皇子は蘇我系ではないから討たれたのである。穴穂部皇子は欽明帝のレガリアを継承しており、正当な金官伽耶国王の継承者と考えられる。

欽明帝以降天武帝のあいだの日本書紀の内容には百済系氏族の思惑が入り込んでいるので、後年作文された可能性がある。崇峻天皇の死についても同じく疑問が残る。（少なくとも蘇我馬子に讒言したのは百済であろう。）後年、蘇我入鹿が聖徳太子の嫡子の山背大兄王と一族を殺したことにした百済系氏族である、崇峻天皇を蘇我氏が殺したことにするぐらいはわけないのではないか。（穿った見方ではあるが、蘇我氏に関する日本書紀の記述はそれくらい信用できない。）

穴穂部皇子は金官伽耶国の王家のレガリアを継承している。だからこそ藤ノ木古墳に古墳時代を代表する華麗な副葬品が残ったのである。伽耶の王がヤマトの王権を構成していることを知っている穴穂部皇子は金官伽耶国の王統を継ぐ者として、次の帝は自分でなければならないと訴えたのである。そして饒速日を祖とする物部氏は同じ伽耶系として穴穂部皇子を支持したのである。

しかし蘇我氏は欽明帝を担いできたが高句麗系である為、物部氏はいずれにしても倒さねばならない相手であった。蘇我馬子は同じ蘇我系である厩戸皇子（聖徳太子）とともに物部守屋を倒し、実権を握ったのである。

伽耶とヤマトの関係を考えると、おそらく伽耶の王族は一時期、ヤマトの大王として迎えられた可能性は高いと思う。ただし、多数派ではないことは理解しておく必要がある。あくまで大王を構成した一族ということである。

◎新羅の正体（要約）

ここまで「不思議の国、伽耶」と題して、この伽耶が新羅となる過程をいろいろな角度から述べてきたが、この新羅について、私は現在の古代史の一般的な理解は違っているのではないかと考えている。そこで「新羅の正体」というのはいささかオーバーであるが、正しく新羅という国はこういう国であると要約して述べる必要性を感じているので、ここにまとめて述べたいと思う。

① 金官伽耶という国は金氏と許氏という二つの氏族が結合して出来た国である。二つの氏族は元は同じ大月氏から出ており、許氏はインドの阿喩陀国からきており、金氏もおそらくインドからきている。

元は同じ大月氏であるため、先に金氏が韓半島南部に入り、遅れて阿喩陀国の王女許黄玉が嫁入りのかたちで韓半島に入り、ふたつの氏族は一体化して金官伽耶（金官伽羅）となった。

② 新羅の前身である斯盧国はもともと金氏の国ではなかったが、金閼智の伝説を入れてもともと金氏が居たことにした。（二つの国に三つの始祖神話があるのは不自然である。）実際は先代の尼師今に後継ぎがいなかったので、第17代尼師今として、となりの金官伽耶から婿として奈勿王を迎えたのである。尼師今は斯盧国の王号であるが、金官伽羅は中央アジアの出自であるので、王号も奈勿麻立干に変えたのである。この時、国号も新羅つまり新しい羅国としたので

ある。これが382年の事であり、この年以前には新羅国は存在しないにも関わらず、新羅の名前が使われていることが誤解を呼ぶもとになっている。

③　百済との戦いにより、このころから新羅は必然的に強国化したが、金官伽耶は百済の侵攻に悩まされていたので、ついに532年、金官伽耶は新羅に併合する形で一体化したのである。この時、金官伽耶の所領はそのまま存続され王族も安堵されている。同じ金氏としてこれは当然の事であろう。

④　この時金官伽耶国は消滅するが、国王の金仇亥は倭国に迎えられ、欽明大王となった。このことを工作したのは高句麗系の蘇我氏であり、このことにより、蘇我氏は倭国の実権を握ることに成功したのである。

⑤　欽明大王が金官伽耶の王であったことは、その息子の穴穂部皇子の墓である藤ノ木古墳からの出土品が伽耶系のバクトリア色のあるものであることからも推定できる。樹木冠と呼ばれる豪華な金銅製の王冠は、ティリア・テペの王冠にも比肩できるものであり、東アジアのものではない。

⑥　新羅の正体は、月氏の末裔である金官伽耶を中心として作られた新たな羅国である。そのことは首都金城（慶州）に残る王城や東宮の池には「月」の名前が付けられ、月がシンボルとなっていることからもわかる。

言い換えれば新羅は金官伽耶が名前を変えただけというのがその正体なのである。つまり新しいトカラ人の国として新羅と称したのである。勿論、斯盧国が入っているので金官伽耶がすべてというわけではないが、国王は奈勿麻立干以来56代まですべて金氏となっている。

以上が、「新羅の正体」としての要約である。

ご参考までに、ウィキペディアよりガラス工芸史研究家、由水常雄の新羅に関する説を添付する。

「4世紀後半から6世紀前半にかけての慶州新羅古墳からは、金冠その他の金製品や西方系のガラス器など特異な文物が出土する。こうした6世紀前半以前の新羅出土のガラス器にローマ系統の技法のものが極端に多いことに注目して、ガラス工芸史の研究者である由水常雄は、新羅は北方の遊牧民経由でローマの文化を受け入れていた古代国家であるとする説を唱えた。」

●付記

1、卵生神話と天からの降下神話

始祖が卵から生まれる卵生神話は南方系神話ともいわれ、台湾、ミャンマー、フィリピン、インドネシア、ボルネオなど主として南アジアに多い始祖神話である。

これに対して天からの降下神話は北方系神話ともいわれ、アルタイ系北方アジアに多い始祖神話である。この分類によると、斯盧国の始祖の内、朴氏と昔氏は南方からやってきた可能性があることになり、金官伽耶や日本の始祖は北方、中央アジアからやってきた可能性があることになる。同じ斯盧国神話の金閼智は卵生ではなく、天からの降下型であるので、これは金氏はアルタイ系であることを示している。（先述の如く、この神話は金奈勿が金官伽耶から来たことを言っているので、当然アルタイ系となる。）

単なる分類と思われるかもしれないが、これらの事は史実に合致しているように思われる。

2、伽耶琴と箏《そう》

伽耶琴は名の通り伽耶で作られた琴である。通常12弦で柱《じ》を持つ。一般に琴と呼ばれるものは柱がなく指でおさえて音色を出す。日本に古来ある和琴は6弦である。これに対し「箏《そう》」は

12の弦があり、柱をもつが、雅楽につかわれるものとして知られる。雅楽は胡楽つまり亀茲楽からきており月氏の楽器である。「伽耶琴」は「箏」に似ており、雅楽の「箏」から枝分かれしたものの様に見える。伽耶琴は韓半島独自の楽器のように言われているが、伽耶が亀茲、つまり月氏と繫がることを示しているように見える。（正倉院には伽耶琴といわれるものが現存する。）

3、伽耶と宗像氏

宗像大社は天照大神が素戔嗚との誓約により生まれた三女神を祀る神社である。それぞれの神は田心姫《たこりひめ》、湍津姫《たきつひめ》、市杵嶋姫《いちきしまひめ》であり、沖津宮（沖ノ島）、中津宮（筑前大島）、辺津宮（筑紫）に祀られているが、この三宮（島）を一直線に結んだ先が金海（伽耶）である。つまり、この航路は「海北道中」などと呼ばれているが、筑紫〜伽耶航路なのである。

神の島である沖ノ島には伽耶がヤマトと繫がった4世紀以降の遺物が大量に発見されている。これらの宝物はすべて国宝となっているが、面白いことに同じ国宝となった藤ノ木古墳からの出土物に類似のものがある。それは馬の胸や尻の帯を飾る棘葉形《きょくようがた》・杏葉《ぎょうよう》とよばれる金銅製の装飾品や、金銅製の歩揺付雲珠である。これらの装飾は新羅慶州でも見られるもので、本来、馬を飾る騎馬民族のものであるが、沖ノ島も藤ノ木古墳も伽耶と繫がることを示しており、遠く月氏に繫がることを示しているのである。また沖ノ島で発見された純金製の指輪が持つ雰囲気も、東洋的というより、西アジアを感じさせるものであり、意匠は違うがギリシャ・ローマのゴールドリングと同じ作り方のものである。

おそらく伽耶からきた王族はこの航路を使い、航路の安全を守ったのが三女神であったのである。伽耶の王族たちは沖ノ島で航海の安全を祈り、貢物を捧げた、その貢物が沖ノ島に残る宝物となったのである。この宝物が藤ノ木古墳の副葬品と繋がるということは、欽明帝―藤ノ木古墳―宗像・沖ノ島―伽耶と繋がることを示している。

王権の伽耶色が薄れるに従い、その地位は低下したと思われるが、宗像徳善の娘の尼子姫が天武天皇の后となり、高市皇子（太政大臣となる）を産んでいる。天武天皇は百済系王権からようやくヤマト本流に戻した天皇であり、海人族とのつながりを元通りにして天照大神を祀ったのである。

第四章　倭国をめざす満族

東アジア北方民族の南下

それでは日本の王家は伽耶系が続いたのであろうか。

3世紀頃から始まったとみられる北半球の寒冷期が影響を与えたのか、ここから東アジアの北方民族は南下を始め、歴史は大きく動くことになる。

伽耶系の後、日本を目指したのは中国東北部にある二つの満族の国であった。それは東アジアの戦乱の結果がもたらした必然的な結果なのである。（国立環境研究所地球環境研究センターによる、過去2000年間の北半球の気温偏差グラフによれば、紀元後200年から700年の間はマイナス偏差となっており、寒冷な時期であったことがわかる。）

そしてこの二つの満族の国は倭国を舞台に月氏の末裔と三つ巴となり、熾烈な戦いを繰り広げるのである。

◎ツングース系満族の国

百済の誕生

シベリアから中国東北部の広大な地域に住むツングース系民族のうち、中国東北部の吉林省を中心とする地域に住んだのが「満族《まんぞく》」とよばれた民族である。この地域は後年、日本側から満州と呼ばれた地域に相当する。この吉林省の北部を流れる松花江流域にあったのが、「扶余国」であり、南部の鴨緑江流域にあったのが「高句麗国」である。同じ始祖神話を持つため元は同族のようであるが、その性格は異なっている。扶余は農耕が基本であり、勇猛ではあるが、温厚とある。それに対して高句麗は良田なく、性格は凶急であり、略奪を好むとある。（三国志より）

3世紀から7世紀の東アジアは戦乱の時代であった。まず温暖で肥沃な土地である遼河の東の遼東平野が争奪の中心となり、西の遼西平野も戦乱に巻き込まれていく。後漢から自立した公孫氏は韓半島北中部から遼東地方を支配していたが、魏の将軍司馬懿《しばい》に敗れ滅亡すると、鮮卑族の慕容部《ぼようぶ》が華北の東を制圧し、燕国を建国する。高句麗は慕容皝に敗れ慕容部の力は高句麗に及ぶようになる。

この時、公孫氏の滅亡に伴い誕生したのが百済である。百済は朝鮮半島の国のように思われているがそうではない。百済は公孫氏に帰属して遼西を治めていた扶余の尉仇台《いきゅうだい》が作った国である。公孫氏の滅亡により、尉仇台は魏と高句麗に両面から攻められたため、渤海に逃げ黄海を渡って韓半島に渡り、百済を建国したのである。

百済と高句麗の戦い

百済は近肖古王の時代になると、馬韓の北部地方をまとめるようになり、徐々に国力を上げると371年には南下する高句麗と戦い、故国原王を戦死させた。

この戦いの勝利により百済は一躍東アジアの強国として認められるようになったのである。百済はこれを機に外交政策を活発化させ、東晋に朝貢し冊封をうけるとともに、日本（当時は倭国）への接近を図るようになる。所謂、息長足姫（神功皇后）の伝説の時代に入るのである。

高句麗は広開土王の時代に入り国力が充実し、再び東アジアの強国として領土拡大に乗り出す。ここに韓半島に南下する高句麗と、韓半島の領地を広げようとする百済との戦いが始まるのである。

百済と倭国の連携　～応神の誕生

神功皇后の三韓征伐などの伝説は真実ではないが、この伝説は多くの真実を暗示する絶妙なものとして創作されている。

まず、韓地では生まれないようにお腹に石を挟み九州に戻ってから生まれたとする話は、逆に、生まれた子が韓人《からひと》であることを言っているのである。言い換えれば、この話は王が他国人であってもその国に生まれればその国の王たる資格があることを主張しているので、応神は韓人ということになる。

後に百済の昆支《こんき》が倭国に渡るときに、兄の蓋鹵王《こうろおう》が、自分が妊娠させた女を連れていき、むこうで子供が生まれたらすぐに送り返せと言っているのは、その子は倭王になる資格があると言っているのである。

次に、有名な七支刀の銘文の件であるが、この銘文は、百済から日本に送られた近仇首王《きんくすおう》の子である枕流王《しんりゅうおう》が次の倭王になるため、その守り刀とするという内容になっており、ともに持参した七子鏡とともに子々孫々栄えることを願う銘文となっている。この七支刀の銘文により、**枕流王が応神になったことがわかる。**

※　七支刀の銘文については多くの研究者が見解を述べているが、表面については「泰和四年五月十六日の丙午の日の正陽の時刻に百度錬った七支刀を造った。この刀は百兵を避けることができる。恭恭（供供）たる侯王が持つに宜しいものである。〇〇〇作」とある。泰和四年とは東晋の太和四年とし、３６９年とする説に賛同する。裏面については、

「先世以来このような刀はなかった。百済王と世子（奇・く）は聖晋とともに生きる故、倭王旨（枕・し）のためにこの刀を作った。以て後世に伝えよ。」とあり、筆者は「奇」は「く」と読み近仇首王《きんくすおう》を指す事、「旨」は「し」と読み枕流王《しんりゅうおう》を指すと解釈した。従って枕流王は倭王となり、その倭王は後に応神大王と呼ばれる人物になったことがわかる。

このことが、日本書紀の神功皇后紀に書かれているのである。

このような解釈はこじつけっぽく思われる読者もおられるかもしれないが、古代では漢字を表意文字として使うのは中国だけであり、言葉はあっても文字は持たない民族は表音文字として使うのが普通である。また金石文（金属や石に書かれた文字の事）では文字が簡略化されたり、あるいは分解されたりすることは通常行われることであり決してこじつけではない。なお、古代では一般には知られたくないことなどは、わざと文字を変えて表現するなどの事はよく行われる。この七支刀などの場合は百済人が倭王となるのであるから当然「隠して表現」するのである。

息長・武内宿祢軍は日本に上陸し、近江で仲哀大王の皇子、忍熊王《おしくまおう》を欺いて破り、枕流王は王位に就くが、忍熊王は仲哀帝の王位継承者であり、実際には大王になっていたと思われるので、これは明らかに王位の簒奪であることを示している。また神の怒りに触れて仲哀大王は亡くなったとあるが、とても信用できる話ではない。（大王位は一日たりとも空位とはしないというのが、原則である。忍熊王、菟道稚郎子、大友皇子、すべて即位していたと筆者は考える。）

神武以来、倭国は伽耶系の王を共立していた。仲哀帝も伽耶系である。応神により初めて倭国に満族系の王が誕生したのである。

応神は当時の百済の阿華王が亡くなった時、倭国に質《むかわり》として来ていた直支王（腆支王ともいう）に「汝、国に帰りて位に嗣け」と命じている。応神が百済王室でなければ百済の王を決めることはできないはずである。

神功皇后は仲哀大王の后であり、応神は神功皇后の子という設定になっているので応神も大王位継承者と思われているが、実際には百済人であるため、王位の簒奪ということになる。

後年、応神大王が百済系の天皇から始祖王のような扱いを受け、本来天皇は伊勢神宮の天照大神を祀るところを、道鏡事件の時の和気清麻呂の如く、応神を祀る宇佐神宮の神託を受けたりするのはその頃の天皇が応神大王を始祖王とみていたことを示している。応神の名前は伊奢《いざ》沙別命《さわけのみこと》であったが、敦賀の氣比大神と名を交換し誉田《ほむた》別《わけ》命となったと記紀には記されている。伊奢沙別命とは日矛（天日槍）につながる名前であり渡来人であることを示しているが、応神は日矛勢力や誉田真若~息長氏、つまり当時倭国に来ていた有力鍛冶集団の渡来人の勢力を味方につけていたことになる。

応神はその勢力の資金力をもって倭国で兵力を集め、軍馬を育て、船を作り韓半島へ出陣した。すべては南下する高句麗の広開土王軍に対抗し百済を守るためである。大阪を中心とする畿内の地域には外洋船の埴輪が残り、土師器を作る集団や、馬を育てる河内の牧や、鉄の精錬鍛冶所などの遺跡が残り、応神陵の陪塚には大量の甲冑や武器が残されている。

畿内は軍事工場化していたのである。

広開土王碑文によれば399年、「百残は倭と和通した」とあり、このあたりから応神は百済と手を組み韓半島への出兵を始めていたとみられる。（百済が倭と和通したということは、百済から来た枕流王が倭王応神になったことを意味しているのである。）

しかし、百済の救援のため韓半島に出兵した応神は、広開土王碑文によれば、400年から407年まで3度にわたり広開土王と戦ったがすべて負けたようである。特に407年には致命的な敗北を喫し、このとき応神は戦死したようである。

その後、日本では応神の子である菟道稚郎子（宇治大王）が後を継ぎ、大王となっていた。

鮮卑・慕容部による高句麗の支配

2世紀末、鮮卑大人の檀石槐《だんせっかい》は後漢の北部地方にいた鮮卑族を纏め上げ、かっての匈奴の版図に匹敵する領土を築き上げた。鮮卑族とはかって東胡（匈奴の東にいた部族）を構成した一部族であり、檀石槐はその領土を、東部・中部・西部の3部に分け、それぞれ複数の大人をおいて統治した。その中部の大人の中にいたのが、莫護跋《ばくごばつ》である。彼は238年の魏の司馬懿が公孫淵を討った時に協力し功績を挙げたので率義王に任じられ、遼西に領土を得た。この莫護跋の子が慕容木延《ぼようぼくえん》を名乗り、部族の大集団をまとめ慕容部（氏ともいう）と呼ばれるようになった。

慕容の名前の由来には一族が歩くと揺れる飾りのついた歩揺冠を好んだことから慕容と呼ばれたという説がある。

慕容部の人たちは色が白く白賊などと呼ばれた白人種である。彼らは元は東胡であろうと言われているが、他の鮮卑族とは異なり白人種のため、西アジア、ペルシャの地からやってきた可能性がある。

慕容廆《かい》のとき（3世紀末～4世紀初め）勢力を拡大し、鮮卑大単于《だいぜんう》を自称した。337年慕容皝の時、前燕を建国し、342年には龍城（遼寧省朝陽市）に遷都した。この年高句麗を攻め故国壌王を破り、輯安（集安）の国内城を落としたため、高句麗は前燕に服属した。

その後、前燕は隆盛となるが、370年前秦の符堅《ふけん》に攻められ滅亡する。

前秦は中原では最強となり、東晋と中国の覇権をかけて戦うが、「淝水の戦い」（383年）で敗れて滅亡する。前秦が敗れると中原は再び戦乱の時を迎え、慕容部も復活し、慕容垂が後燕を建国し、同じ鮮卑族の拓跋部《たくばつぶ》が北魏を建国する。

北魏はこの後、華北を統一し、東晋の南朝に対し北朝と呼ばれるようになる。

五胡十六国と呼ばれた時代は、中原では支配者はくるくると目まぐるしく変わり、人の移動もまた頻繁に行われた時代であった。

◎広開土王は仁徳大王となる

384年後燕を建国した慕容垂は高句麗を味方に付けるため、386年、太子として「談徳」と呼ばれる人物を送り込む。談徳は391年、予定通り高句麗王として即位する。高句麗本紀にはこの年、「牛が馬を産んだ」とあり、讖緯説《しんいせつ》により、易姓革命が起こったことを示しているが、高句麗が本来の高氏ではなく別の氏に代わったことを言っているのである。即位した談徳は「句麗王安」と中国側から呼ばれ、「安」氏ということになっている。この安姓は安息国（パルティア王国）から来た人を呼ぶ姓であるので、パルティア王国からきているかもしれない。あるいはソグディアナのブハラからきている可能性もある。（ブハラの人のソグド姓は「安」である。）

このように属国化（あるいはその国に対して強い影響力を持っている）している国に太子を送り込み、次期国王にしていったり、逆に属国化した国の太子や王族を質として取り込み、後に国王として戻したりすることは、戦国における他国を取り込むための常套手段であり、談徳はそのために高句麗に送られてきたのである。談徳が高句麗王となり広開土王と呼ばれて百済・倭国と戦い新羅を救援したとき、高句麗に人質としておくられていたのは新羅の実聖王であり、実聖王のあとも人質としてト好（ぼっこう・奈勿の第2子といわれる。）が送られた。

この広開土王と呼ばれた句麗王安が、日本に渡り大雀命《オオサザキ》と称する仁徳大王になるということを、俄かに信じる人はいないと思うが、その可能性は極めて高いと私は考えている。その理由は以下のとおりである。

一、413年、『晋書』によれば晋に高句麗と倭国が共同で朝貢してきたとある。倭国と高句麗はずっと戦争状態にあり、一緒に朝貢することはあり得ないが、太平御覧にある『義熙起居注』によれば方物《みやげ》は貂皮と人参（高麗）であるとあるので、これは高句麗王と考えるのが普通である。ところが『宋書』によれば、413年に朝貢してきたのは倭王讃であるとある。しかしこの時の倭王は菟道稚郎子であるので、朝貢したという痕跡はない。

考えられるのは高句麗王が倭王と称して朝貢したということである。

（補注：『晋書安帝紀』には「義熙九年、是歳、高句麗・倭国並びに方物を献ず。」とあり、『晋義熙起居注』には「倭国、貂の皮、人参等を献ず。」とある。）

広開土王碑文によれば413年は広開土王が亡くなったとされる翌年であるので、この時の高句麗王は高璉（長寿王）ということになるが、高璉が倭国王とともに、晋に朝貢することはあり得ない。高璉は435年北魏から高句麗王に封じられているので、それまでは高句麗王として認知されていないのである。この頃は北燕の馮跋《ふうばつ》が実質的には高句麗王であった。どう考えても候補者は広開土王しかいない。つまり広開土王は亡くなったと称して倭国に渡り倭王讃と称したと考えるしかない。　広開土王は倭国に渡るにあたり東晋に朝貢し倭王としての認知を求めたのである。

（余論）

広開土王が412年に亡くなっていないのではという議論の一つとして、新羅慶州の壺杅《こう》塚《づか》古墳から出土した青銅の壺（食器の類）がある。壺には「乙卯年国岡上広開土地好太王壺杅十」とあり、乙卯415年のものであることがわかるが、この壺には何名かの研究者が見解を述べていて、これは広開土王の三年忌に配られた壺ということになっているようである。しかし仏教では三年忌は死後満2年に行う法事であり、この時代そのような仏事をやったのかどうかもわからない。土王は実際に高句麗を離れる415年にこの壺を作り、記念として関係者に渡したとも考えられる。

この壺が新羅に残るのは、土王が新羅を通って倭国に行くときに世話になった実聖王にお礼として渡したものが残った可能性もある。402年に土王のおかげで新羅王となった実聖王は広開土王を歓待したと想像される。土王はまだ生きていたのである。この2年後の417年に土王は倭国に入っている。（実聖王は奈勿麻立干によって高句麗に人質に送られていた人物であり、奈勿麻立干の死後、402年に帰国し、太子の訥祇をさておいて第18代新羅王になった。壺杅塚は実聖王の墓であり、となりの銀鈴塚は妃の墓とする説が有力である。広開土王に感謝していた実聖王はこの壺杅を大事にしていたのであろう。）

二、書紀では仁徳オオサザキは応神の子となっており、菟道稚郎子とは兄弟の設定であるが、勿論兄弟ではない。土王は倭王讃として、大王になっていた菟道稚郎子に速やかに王位を譲るよう迫り、強力な武装集団である土王に対し、手も足も出ない菟道稚郎子は自死するしかなかったのである。自死する前に妹の八田皇女を差し出して妃に加えてもらいたいと言っているのは自らの血統を残す、つまり応神の血統を残すためである。（つまり菟道稚郎子と仁徳は血統が違う――兄弟ではないのである。）高句麗王からの書状にはじまる書紀の記載はその高句麗王が広開土王であることを示している。

三、書紀に「河内の石津原に御陵を定めるとき、鹿が飛び出してきて役民の中に入って死んだのを怪しんで見ると、耳の中から百舌鳥が飛び出してきて、鹿の耳の中が食いちぎられていた。」とあるが、これは高句麗は鳥がトーテムであり、扶余である百済は鹿がトーテムであるので、仁徳が応神を倒して王位に就いたことを象徴していると考えられる。

四、仁徳大王の系列は履中、反正と続き、大日下王と続くが、彼らに仕えた一族は難波に残っている。『新撰姓氏録』には難波連の出自は高麗国好太土王とある。

五、大山陵古墳は天皇陵として発掘はできないが、墓内部にある甲冑は江戸時代の絵図として残されている。その甲冑は金銅製であり、冑には歩揺がつけられている。これは仁徳が歩揺を好む慕容系の高句麗人であることを示している。また、仁徳には国内で大きな戦いをしたという記録はなく、この甲冑は軍団のリーダーとして金色の歩揺のついた甲冑に身を包んで大陸で戦った者、つまり広開土王の物としか考えられない。（大山陵は仁徳の古墳ではないという説があるが、正しく仁徳陵古墳である。このことはこの章の付記に記す。）

また広開土王は中国吉林省の輯安に墓があるが、大王墓と呼ばれる陵墓には陪塚がみられず土王の墓とは考えられない。もし土王の墓とするならば寿陵ということになるが、おそらく空墓であろう。中には広開土王の墓であることを示す銘入りの鈴が置いてあったそうである。

※　この広開土王が仁徳天皇になったという説は古代史研究家の小林惠子氏の提唱からスタートしている。卓越した小林氏の見解に改めて敬意を表する。

広開土王碑に対する見解

広開土王碑は古代史においてこれまで多くの物議を醸してきた史跡の一つである。その内容は広開土王が亡くなったことを明確に示すものであり、土王の華々しい戦績の内容が記され、それを称えるものであり、また死後の墓の守を行う烟戸（守墓人）についても土王の意志として詳細に記されたものである。

高さ6mを超える碑は何のために建てられたのであろうか。

先述の如く碑文では広開土王は412年に亡くなり、碑は414年に後継の長寿王高璉が建てたことになっている。そして413年には『晋書』に「讃」と推定される倭国王が東晋に朝貢した記録が残る。しかし朝貢に使われた方物は貂の毛皮と高麗人参でありこれは高句麗の物であるので、実際には高句麗王が倭王と称して朝貢したとみられるのである。なぜそのようなことが行われたのであろうか。しかも長寿王高璉が北朝である北魏から高句麗王として認定されたのは435年であるので、このころは長寿王高璉は高句麗王ではなかったし、ましてや長寿王高璉が倭王と称して東晋に朝貢することは考えられない。そうすると413年に東晋に朝貢した倭王は土王自身としか考えられないことになる。つまり倭国に移動するにあたり、土王は倭王讃としての認知を東晋に求めたのである。碑文にある広開土王は412年に亡くなったというのは、413年に倭王として朝貢したので412年とせざるを得なかったということであろう。

その後414年に土王自身がこの広開土王碑を建立し、倭国に移動を開始し、途中で新羅を経由したため、新羅の実聖王の墓には415年の土王の銘の入った青銅の壺が残ったということが真実であろう。

土王はその後417年には倭国に入り、菟道稚郎子を倒して倭王となった。（土王は東晋より、倭王讃として認知されている。倭王は自分であるので速やかに退位せよと迫ったのであろう。勿論武力を背景にしてである。菟道稚郎子は怒って文書を破り棄てたと書紀には残る。）

倭王となった土王は421年に倭王讃と称し、宋に朝貢し除正を求めている。これは晋から宋に変わった為と、倭王としての除正を求めることの二つの目的のために行われたのであろう。さらに425年に宋に朝貢しているが、これは宋に織姫を求めるためである。このように常に中華王朝を基準にして行動しているということは倭王讃は大陸にあった国の王であったことをうかがわせる。

広開土王は用意周到に準備し、計画通りに行動したのである。そしてその行動の起点が広開土王碑なのである。言い換えれば広開土王は確実に亡くなったことを世に示す必要があり、その役目を果たしたのが広開土王碑ということになる。

碑文で烟戸（守墓人）について詳しく定めているのは、空墓とはいえ寿陵が荒れる事を恐れたためであろう。

碑文は土王自身が作成し、碑に彫らせたのである。碑は巨大であり、土王としての功績を顕すにも十分なものであったと言えよう。慕容部から送り込まれた土王は４１４年高句麗を去るにあたりこの石碑を自らが広開土王であった記念として建立し、倭国に向かって出発したのである。

なぜ広開土王は倭国にやってきたのか

目覚ましい領土拡張を果たした広開土王がなぜ高句麗を棄てたのか。広開土王は本来高句麗の王家である高氏ではなく、高句麗を支配下に置こうとする慕容部から送り込まれた人物である。先にも述べたが、このころ大陸は五胡十六国時代であり、あれだけ勢いのあった前秦の符堅が淝水の戦いで東晋に敗れると、華北は混沌とした状態となる。その中で台頭したのが、鮮卑の慕容部と拓跋氏であり、慕容垂は後燕を建国し、土王談徳を高句麗に送り込むが、拓跋氏は北魏を建国し、慕容部の後燕とは華北の覇権を争って戦う。やがて北魏が勝利し、慕容垂も亡くなり４０９年には後燕も滅亡し、後燕の将軍であった馮跋《ふうばつ》が北燕を建国する。（馮跋が後燕王の慕容熙を殺し、北燕王を称した。）

北魏の時代を迎え、後援者である慕容垂が亡くなった以上、土王はすでに高句麗にいる理由はなくなっていた。北燕の馮跋は北魏に押され、高句麗の領土化を狙っていたため、北燕との戦いは目前に迫っていた。仮に北燕に勝ったとしても次は強力な北魏である。元々高句麗人ではない土王は決断の時を迎えていた。

滅亡した後燕から来た土王を推す勢力は高句麗内にはいない。高句麗本流ではない土王はかって救った新羅を通り、主（応神）のいなくなった倭国に行き、倭国王になることを決断したのである。

土王の後は高璉（長寿王）がすぐ後を継いだことになっているが、高璉が亡くなるのは４９１年であるので78年間の在位ということになる。いくら長寿王にしてもこれは長すぎるので、高璉が北魏から高句麗王としての認定を受けた４３５年からというのが本当であろう。それでも在位56年ということになる。

つまり土王が去ってから21年間のあいだは高句麗王不在であり、実際は土王が去ったあと高句麗は北燕（馮氏一族）に支配されていたのである。

北魏は華北統一のため、遼西を領有する燕の存在を許さなかった。そのため４３５年に北燕を滅ぼし、高句麗王に高氏一族の高璉を据えて属国化し、華北全体の安泰を図ったのである。

北魏は５３４年まで続くので、それまでは実質属国化した高句麗は安泰であった。高璉が長寿王と呼ばれるほど長生きしたのは北魏のおかげだったのである。

高句麗系大王と百済系大王の争い

本来は海人族と伽耶系により構成された倭国王は、応神の時初めて百済系が入り、そのあと仁徳の高句麗系が入り、その後高句麗系（仁徳系というべきか）と百済系が交互に続いたが、高句麗系の蘇我氏により、金官伽耶王が倭王として迎えられた。仲哀帝以来の伽耶系の王である。倭王は後に欽明と諡号を贈られている。この頃、百済と高句麗は韓半島の領地をめぐって激しく戦っており、そのため倭国の兵力を味方に付けようと倭国においても主導権争いが行われているが、欽明帝をバックにした蘇我氏が実権を握ったのである。しかし６４５年、百済は余豊璋と中大兄皇子によるクーデターを起こして蘇我氏を倒し（乙巳の変）、再び倭国の実権を握ったため、倭国は百済とともに白村江の戦いにまっしぐらに進んでゆくのである。

百済・倭国と唐・新羅の戦い

この頃、新羅では金春秋（後の武烈王）が暗躍し、まず当面の敵である百済を叩くため高句麗を訪問し、高句麗の援軍を求めたが、これは失敗に終わる。次に倭国の支援を得るため倭国を訪問するが、百済の中大兄皇子のクーデターにより百済が実権を握ったため、これも失敗する。そのためやむなく唐を訪問し、太宗に会って新羅への援兵を要請した。この時、唐は隋の時代より高句麗遠征の問題を抱えており、何とか高句麗を破り早く決着をつける必要があった。唐の真の狙いは高句麗を破り、最終的には韓半島を征服することにあったが、新羅の申し出は唐にとっては利用価値があった。渡りに船だったのである。唐は新羅の申し出の通り、663年白村江に水軍を送り、新羅と共同してまず百済と倭国の連合軍を破り、ここに百済は完全に滅亡したのである。（百済は内紛により既に660年には実質滅亡していた。）

この時、滅亡した百済の遺民の多くが倭国に渡ってきている。逃げ延びた中大兄皇子は唐軍の来襲を恐れ、筑紫の海岸沿いに大堤を築き水を張る防御施設を築いている。これが現在も残る水城《みずき》である。

百済にあった唐の鎮将、劉仁願は郭務悰《かくむそう》ら一行2000人を日本の敗戦処理に遣わし、宇治で閲兵式を行った。それを受けて天智天皇（中大兄皇子）は息子の大友皇子を次期天皇（太政大臣）に据えたのち、自害した。（自害したことは書紀には勿論記載はないが、幾つかの書物・『扶桑略記』等が暗示している。他殺説も有る。）郭務悰は天智の死を確認したのち、丁重な弔意を示し、処理は終わったとして唐に引き上げた。そして壬申の乱が起こったのである。

※　なぜ唐側は天智を許さなかったのであろうか。それは余豊璋（藤原鎌足）と同様、天智天皇は百済の王族であることを知っていたからである。百済滅亡のための戦いにおいて、日本の天皇と称する百済人をそのままに置くことは出来ない。

しかし唐は倭国には攻め込まなかった。まだ高句麗が残っていたことと、いずれ新羅を討つときに倭国の力が必要と考えたからであろう。

高句麗と唐・新羅の戦い

隋は高句麗遠征が遠因となり滅亡したが、高句麗もまた隋唐の遠征により、疲弊は激しかった。

668年、唐は懸案の高句麗に対し再び遠征し、唐と新羅が挟み撃ちにして遂に高句麗を破ったのである。すでに高句麗には戦う体力がなかったが、唐のみならず後背に新羅の攻撃を受けては支えることは出来なかったであろう。この時の新羅の将軍が金官伽耶の流れをくむ金《キム》庾信《ユシン》であった。金庾信は高句麗と戦い連戦連勝であったという。先述の金春秋とともに新羅による半島統一の英雄となっている。

唐は百済、高句麗が滅亡すれば、新羅は唐に服従するであろうと考え、これで韓半島を手中に収めたと思ったであろう。しかし新羅は新羅で、これで韓半島は新羅で統一できたと考えていたのである。今度は唐は新羅を併合する予定であったが、新羅がそれを認めるはずもなく、両者は対立する。唐にとって新羅を併合することは難しいことではなかったはずであるが、実はこの時、唐はチベット（吐蕃）との戦いの最中であり、しかも一時、長安は吐蕃に陥落させられるという事態に直面していた。唐はすでに新羅に兵を割く余裕はなく、やむを得ず唐に対して臣下の礼をとらせることで一時決着としたのである。

ここに新羅による韓半島統一は、唐の勢力下においてではあるが、成立したのである。言い換えれば韓半島においては、月氏の末裔である金官伽耶と一体化した新羅が、中国東北部から来た満族の二つの国を退けたことになる。

百済滅亡の時と同様、高句麗滅亡に際し多くの人が、倭国に渡ってきている。

このように、百済も高句麗も滅亡してしまうが、その残党は、特に百済系は藤原氏となって生き残り、その後の日本の王権に様々な影響を与えている。日本書紀は百済系の王権によって書かれた天皇記であるので、高句麗系が関与している部分については内容が改ざんされており、虚実混交の内容となっている。

その後の韓半島

676年半島を統一した新羅はその後どうなったのであろうか。新羅は唐の力を利用して半島を統一したので、半島全体を統治する力は元々なかった。それでも唐が健在な間はよかったが、唐が滅亡に向かう800年代末に入ると、かっての高句麗領に近い地域には「後高句麗」が建国され、かっての百済領である南西部には「後百済」が建国され、新羅はかっての新羅領の東南部のみとなった。もっとも700年代末には新羅は反乱と王位簒奪が続き、すでに国の体はなしていなかったようだ。唐は907年に滅亡を迎え、韓半島では935年に「後高句麗」の水軍の将である王建が「高麗」を建国した。この時、新羅は併合され、後百済は滅亡し、再び韓半島は統一されるのである。

◎蘇我氏は高句麗系である

ここで蘇我氏の事について述べる。蘇我氏は高句麗系であるが、このことは正しくは理解されていないようである。前著で述べた通り、その墓制（墓形）を調査すれば高句麗様式であることが明らかである。蘇我氏は仁徳大王の時、広開土王に付き従ってきた氏族であり、同時に蘇我氏に婿入りし、蘇我姓を名乗った氏族である。そして仁徳からその子の履中大王となり組閣が行われた時、平群、物部、円氏とともに、蘇我満智宿祢として登場する。

蘇我満智の系図は満智に始まり、韓子《からこ》、高麗、稲目、馬子、蝦夷、入鹿と続くが、高麗や韓子となっているので高麗人であることがわかる。馬子は駒＝高麗と呼ばれたのである。蝦夷、入鹿は蔑視語である。

敵対した百済系氏族により日本書紀には事実と真逆の内容が書かれており、このことは古代史を理解する上でいまだに大きな障害となっているのである。まず蘇我氏が高句麗からきた氏族であることを理解しなければならない。その証明の最大の根拠となるのが墓制（墓形）である。今も世界遺産として輯安に残る高句麗の墓を見れば、蘇我氏が高句麗系であることは明らかである。その内容は前著にも書いたが、墓制以外でも根拠となるものは幾つもある。

当時の東アジアの情勢を見れば、高句麗が国の存亡をかけた極めて厳しい情勢にあり、倭国は戦略上最も重要な存在であったことがわかる。これは百済にとっても新羅にとっても同様であった。事実この後、高句麗も百済も滅亡し、唐と組んだ新羅は生き残るが、やがて新羅も滅亡する。すべては大国隋・唐との関係により起こったことである。飛鳥時代の倭国はこの3国が入り交り、激しい外交戦略が展開され、熾烈な戦いが行われたのである。

仏僧はこの外交戦略で大きな役割を演じたが、なかでも598年に来朝した高句麗僧恵慈《えじ》は、対隋戦略において重要な役割を演じていている。

恵慈はのちに聖徳太子とよばれた倭国の太子の仏教の師となり、遣隋使を隋の煬帝に派遣している（607年小野妹子を派遣）。きわめて特徴的なのは、この遣隋使は朝貢の形はとっているものの、官位除正や冊封を要求していないことである。何のために派遣したのかは、その国書の内容をみればわかるが、「日出る処の天子、書を日没する処の天子に致す」という言葉は隋と同じ天子という言葉を使い、しかも隋を日没する処としているので、とても外交文書としてはあり得ない表現となっている。これは対等外交以上の言葉であり、極東には隋を恐れない国があるということを言わんとしているのである。（つまり倭国ではなく高句麗が倭国の名前を借りて遣使したのである。）なぜそのような表現をしたのか、それは高句麗は倭国と組むということもありうるぞということを言っているのである。高句麗は同じ時期に、突厥に対しても高句麗と組んで対隋体制を取ろうと高句麗使を派遣している。（このことが隋の高句麗遠征の直接の理由となった。）すでに598年に始まっていた隋と高句麗の戦いは、煬帝による大規模な高句麗遠征に発展していく。隋は4回にわたり、113万ともいわれる兵力で高句麗に遠征をしているが、結局、高句麗を破ることは出来ず、遠征が遠因となって滅亡してしまう。このことはいかに大国とは言え、国を守る士気の高い国を破ることは至難の業であることを示している。今日のウクライナを彷彿とさせる戦争である。

そのような情勢の中で、高句麗の倭国に対する力の入れ方も尋常ではなかった。蘇我馬子が建立したと伝わる創建時の飛鳥寺の伽藍は「一塔三金堂式」の高句麗式であり、その中に収める釈迦如来像の造立のため、高句麗の大興王は三百両の黄金を倭国に送っている。隋との戦いのなかでの貴重な出費であった。

隋の遠征攻撃を何とか退けた高句麗であったが、自らの消耗も大きかった。

飛鳥の時代は日本の古代史の中でも燦然と輝いた時代であった。飛鳥は東アジアでは長安とともに重要な国際都市となっており、ペルシャ人、ソグド人、唐人、高句麗人、百済人、新羅人など多くの民族がやって来ていたと思われる。今に残る数々の貴重な遺跡がそれを物語っている。その中心は高句麗から来た蘇我氏であった。しかし蘇我氏は全権を握っても、大王（天皇）にはなれなかった。そのことは倭国の大王（天皇）になるためには王又は王族でなければならないという暗黙の要件があったことを示している。

蘇我氏とは何者か

蘇我氏とは仁徳大王が宋の文帝の時、織姫を求めて宋に朝貢したときの使者、司馬曹達であろうと推察する。仁徳大王（広開土王）の家来である司馬曹達は蘇我氏に婿入りして蘇我氏と称したが、同時に司馬家の名も残し、後に鞍作司馬達等と称する人物が輩出している。司馬達等の孫の鞍作止利は仏師として有名であるが、鞍作―司馬―蘇我は同じ一族である。乙巳の変において、蘇我入鹿が討たれた時、古人大兄皇子は「韓人が鞍作臣を殺した。われも心痛む。」と言っており、蘇我入鹿は鞍作と呼ばれていたことが分かる。（『日本書紀』では入鹿のことを「鞍作臣」と呼んでいる。）

高句麗の墓制と蘇我氏の墓制の類似

高句麗の墓制については、対象を広開土王の時代の中国吉林省の古墳群とし、飛鳥に残る蘇我氏の古墳「石舞台」との比較検討を行った。

輯安古墳群はユネスコの世界文化遺産に登録されているため、その全容は公開写真等により知ることができる。さらに輯安はかっての満州国の時代に多くの研究者により調査されており、

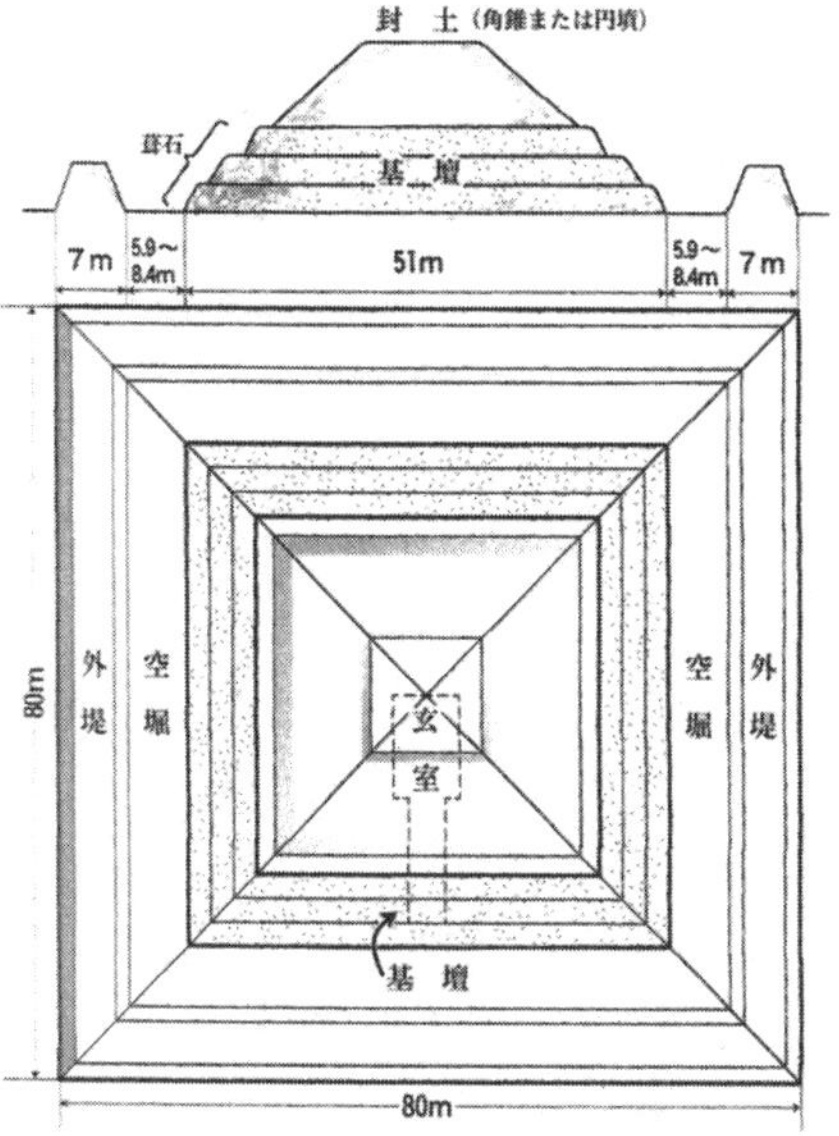

図25　石舞台の平面・立面スケッチ（筆者作成）

図26　輯安の高句麗古墳群の将軍塚
（wikipedia“高句麗前期の都城と古墳”より）
“Kevsunblush2” (A derivative work). (© kevsunblush, Licensed under CC BY 2.0)

発表された論文により、詳細を知ることができる。

その結果、輯安の高句麗古墳群の墓制はその形状、構造的に見て、飛鳥に残る蘇我氏の古墳とほぼ同じものであることが分かる。京都大学学術情報リポジトリに掲載された梅原末治氏による、「〈研究〉高句麗の墓制に就いて」の中において発表されている「将軍塚」と呼ばれる古墳の外形実測図は、将軍塚の基壇の壇数は7段と多いが、蘇我馬子の墓とされる「石舞台」(3段)と比較すると基本構造は同じである。将軍塚には王妃のものと目される陪塚があるが、その上部にある石組は「石舞台」のものとよく似ている。また、都塚古墳と呼ばれる古墳は将軍塚と同じピラミッド型であり、発掘は完了していないが4段以上の基壇があり、年代や地理的位置からみて蘇我稲目の墓と目される。

飛鳥にはそのほか幾つもの蘇我氏の古墳があるが、基本は前著に記した通り、複数の基壇を設置し、その上に石組の玄室を設置した高句麗式のものである。

図25に、筆者の書いた石舞台のスケッチを載せる。

◎ペルシャの姫君

もう一つ蘇我氏に関して述べておかなければならないことがある。

日本書紀によれば、敏達大王の時、高麗（高句麗）から使者が派遣されて国書が届けられている。この国書は「烏羽《カラスバ》の表」と呼ばれており、烏の羽に書かれていたため、誰も読むことができなかったが、王辰爾《おうしんに》が羽を湯気にあてて絹布に押し当てて写し取って読み解いて帝から褒められたとある。何が書かれていたのかは書紀には書かれていないが、いわば密書のようなものである。

あくまで想像の域を出ないが、私はこの時、サーサーン朝の王家から姫とその一行が大和にやってくることを知らせるものであったのではないかとみている。

当時、サーサーン朝ペルシャは幾度も存亡の危機にあった。エフタルとの戦いに敗北し、毎年膨大な賠償金を取られていたのである。エフタル包囲網を築くことは喫緊の課題であった。6世紀の初め頃、サーサーン朝ペルシャは北魏との友好関係を築くべく、数度にわたり北魏に使者を送っている。サーサーン朝の外交は遠交外交であり、婚姻外交である。おそらくサーサーン朝からは王家の姫が送られたと考える。北魏は鮮卑族の拓跋部が建てた国であり、篤く仏教を信仰する国であったが、同じ鮮卑族の慕容部との戦いが続き、このころには内紛を抱えていた。そして534年には実質的に滅亡するのである。

ペルシャからの姫は分裂した北魏の隣国の高句麗に逃げるしかなかった。（もしくは北魏滅亡後、高句麗に送られた可能性もある。）しかし高句麗もまた北魏滅亡の後、中国全土を統一した隋の脅威にさらされていたため、安泰ではなかったので、当時欽明帝のもとで実権を握っていた蘇我氏の倭国と連絡を取ったというのが筆者の推測である。姫はまだ若年のときに高句麗に送られたのであろう。王家の血筋が必要であった蘇我馬子はこれを受け入れたのである。姫は用明帝の后となり厩戸皇子を産んだことになっているが、実際は蘇我馬子の后の一人として迎え入れた可能性もある。したがって厩戸皇子は一部で言われるように、馬子の息子の蘇我善徳である可能性もないわけではないと思うが、蘇我氏にとって欽明帝の血統は絶対に必要なものである以上、稲目の娘、堅塩媛と欽明帝の間にできた用明帝の后となったというのが本当であろう。

すべて推測に過ぎないが、姫が「間人《はしひと》」と呼ばれているので、ペルシャ人である可能性は否定できない。（先述の如くペルシャは波羅斯《パラシ》と表記され、ここからペルシャ人は波斯人《はしひと》と呼ばれた。）

間人皇后は飛鳥の争乱をさけて一時、丹後半島の間人《たいざ》に滞在した伝説があるが、この時、高句麗から間人に着いたのであろう。（飛鳥の争乱を避けるのにわざわざ丹後半島の海岸まで行く必要はない。丹後半島は高句麗からの船の漂着する処である。）

もう一つサーサーン朝ペルシャとつながる物がある。それは正倉院御物の中にある「白瑠璃碗《はくるりのわん》」である。このガラス碗は、6世紀サーサーン朝ペルシャの王立工房で制作されたものと考えられている。それがなぜ正倉院にあるのか。しかも正倉院の案内文書によれば正倉院には3つの倉庫があり、北倉は勅封蔵といわれ、宝物が保管されているが、「白瑠璃碗」は北倉にはなく、南倉か中倉にあったようなのである。つまり東大寺の宝物殿には無かったということであるが、これは何を意味しているのか。おそらく南倉または中倉に保管されているのはその他の寺から来た宝物であり、その寺の一つは法隆寺であろうと考えられる。

他国の王家から来る者は必ずその王権の印を表すもの、レガリアを持参する。レガリアがなければ王家の人間であることの証明ができないからである。

この「白瑠璃碗」がレガリアとなるかどうかはわからないが、一度も土に埋まっていない無傷の碗は、持参されたものであることは疑いの余地はないと思う。しかも6世紀のものとみられ、法隆寺にあったということになれば、間人皇后が持参したものと考えるのが自然であろう。

法隆寺は当時の為政者にとっては祟りと呪いの寺である。その宝物は別に倉深くしまわれ、江戸期になって初めて発見されており、「白瑠璃碗」以外にもガラス器が数点発見されたと記されている。ペルシャから来たものであろう。

飛鳥・天平の時代、ペルシャからは多くの人がやってきて来ている。そのことは日本書紀にペルシャ風の名前が残っている事、木簡には「波斯」のついた名前が残されている事などからも推測されている。

穴穂部間人皇后と弥勒《ミロク》信仰

法隆寺の隣にある中宮寺の本尊は半跏思惟の形をした弥勒菩薩である。（現在は如意輪観音と呼んでいるが、これは平安以降の呼び名で当初は弥勒菩薩として造立された。）弥勒信仰とは一種のメシア（救世主）信仰とも言われているものであり、大乗仏教でいう菩薩信仰である。なぜ中宮寺で弥勒菩薩が祀られるのであろうか。中宮寺はもともとは若草伽藍と呼ばれた焼失前の法隆寺のそばにあった尼寺であり、聖徳太子が母、間人皇后のために建立したとされている。（中宮とは皇妃の事ではなく、幾つかの宮の中にあるという意味だそうである。）一説にある６０７年の創建であれば間人皇后も拝んだであろう弥勒菩薩ということになる。

弥勒菩薩についてはテレビのシルクロードでも放映され、知る人も多いと思うが、古代ギリシャ、ローマでは「ミトラース」と呼ばれた太陽神、英雄神となり、ペルシャ起源のゾロアスター教の太陽神「ミスラ」であり、クシャーナ朝ではバクトリア語で「ミイロ」と呼ばれた神である。この「ミイロ」が弥勒の語源になったという説もある。中宮寺の弥勒菩薩は「アルカイックスマイル」で有名であるが、頭上に髪の饅頭を載せたこの仏像が西魏の麦積山などの弥勒信仰の様式であることが分かる。つまりこの仏像はシルクロードの延長線上にある仏像なのである。（この時代の弥勒菩薩像は広隆寺や野中寺にもあるが、いずれも聖徳太子に繋がる寺である。）

サーサーン朝ペルシャの国教は本来ゾロアスター教であり、始祖王の一族がゾロアスター教の神官でサーサーンという名前であったことからサーサーン朝ペルシャと呼ばれたと言われている。もし間人皇后が、サーサーン朝ペルシャからきているとすれば、ゾロアスター教の太陽神「ミスラ」は身近にある神であり、弥勒菩薩を信仰したとしても不思議ではない。サーサーン朝ペルシャはシルクロードと繋がる。バーミヤンからタリム盆地を通り、敦煌莫高窟から天水麦積山を通り、長安に至る道は、4世紀から6世紀における「弥勒の道」であり、間人皇后がおそらく通ってきた道なのである。

◎聖徳太子の祟り

それでは古代史上、最大の惨劇と言ってもよい聖徳太子のことについて述べていきたいと思う。

伊予国風土記逸文などの文献には「法王大王」という言葉や、法起寺の塔露盤銘には「上宮太子聖徳王」という言葉が使われているが、聖徳太子という言葉は見つからない。しかし、上宮太子聖徳王という呼び名は聖徳太子と言っているのと同じであるから、上宮太子と呼ばれた厩戸皇子が聖徳太子であることは間違いないと思う。ただし厩戸皇子と名付けられた人が誰なのかはまた別の問題である。

筆者の推定によれば、聖徳太子の母はサーサーン朝ペルシャから来た王家の女性である。そして聖徳太子、母の穴穂部間人皇后、息子の山背大兄皇子とその一族は全員亡くなっている。太子は病死となっているが、全員自害しているか、全員殺されている可能性もある。いずれにせよ古代史上最大の惨劇と言えよう。単なる病死であればその死に対して祟りを恐れることはない。

なぜ殺されなければならなかったのか。聖徳太子は用明大王の嫡子として正当な大王後継者であった。それ故、太子と呼ばれたのである。しかしこの時代、高句麗系の蘇我氏と百済系の孝徳・皇極（斉明）・舒明・中大兄皇子・藤原鎌足（余豊璋）らはそれぞれ兵を擁し、伽耶系の欽明帝の後継を争っていた。百済系が大王となるのに邪魔になるのは蘇我系の聖徳太子であり、その嫡子の山背大兄王である。そこでまず聖徳太子を殺し、次に山背大兄皇子をはじめとする一族25名を殺したということは十分考えられる。

日本書紀では蘇我入鹿がやったことになっているが、入鹿にはやる理由がない。百済人と彼らに協力した者がやったのである。百済人がやったことを間接的に証明した人がいる。梅原猛氏である。『法隆寺資財帳』には山背大兄皇子らを殺害した直接の殺害者である巨勢徳太と孝徳帝（軽皇子）が647年に初めて法隆寺に食封《へひと》を下したことが書かれている。彼らは天罰を恐れて功徳をしたのである。さらに藤原鎌足と元明帝が亡くなった時にも法隆寺に食封を下している。これも聖徳太子の祟りと考えられたのである。

現在の法隆寺は焼失後、建て替えられたものであるが、夢殿は太子の追悼のため建てられたとみられる八角の堂である。その中にはおよそ500ヤード（450m）にも及ぶ白布でぐるぐる巻きに封印され、明治期にアーネスト・フェノロサが解かせるまで、眠っていた「救世観音」があった。この救世観音は聖徳太子の等身大の像といわれ聖徳太子の祟りを封印するために作られたものといわれている。

それほど聖徳太子が怖いのかと思いたくなるが、長野の善光寺縁起には皇極帝が地獄に落とされている話が出てくる。本田善光と善光寺仏のおかげで地獄からは抜け出すことができるが、一連の聖徳太子事件と関わった皇極帝が天罰を受けていることがわかる。聖徳太子族滅にかかわった人物とは、中大兄皇子、その母皇極帝（重祚して斉明帝）、叔父の孝徳帝などの百済人たちである。彼らは高句麗系の蘇我氏を謀殺して、一刻も早く、倭国の軍勢を百済に送らねばならなかったのである。聖徳太子は仏教に深く帰依し、推古帝のもとで善政を行ったようであり、その死は周りの人々の多くの同情を集めたに違いない。後の世で聖徳太子礼賛が起こるのは、非なく死に追いやられた太子への追悼の意もあったであろう。

救世観音は聖徳太子の祟りを封印するために作られた仏像であるから、当然太子に似せて作られていると考えられるが、身長は178・8センチであり、当時の男子の標準からみるとかなり高身長である。母似であった可能性があり、母がペルシャ人であれば高身長の理由もわかる。救世観音は観音や仏の顔ではない。恐らく聖徳太子に似せて作られたに違いない。

聖徳太子については、多くの疑問点があり、解明されていないことが多い。

聖徳太子と間人皇后並びに太子妃（膳部菩岐々美郎女?）の三人が磯長陵《しながりょう》（叡福寺北古墳）に葬られたというのは仮の墓所か何かであろう。本当の墓所は別にあると筆者は考えている。（この三人が合葬されているのは墓としては不自然である。）

山背大兄皇子の墓は平群の西宮古墳とされる方墳である。また用明帝の御陵は春日向山古墳とされており、石舞台に匹敵する方墳である。蘇我氏は高句麗系であるので、蘇我氏の墓形はすべて基壇式方墳となる。

救世観音像と百済観音像

法隆寺にはもう一つ謎の仏像がある。百済観音と呼ばれているが、百済とは関係はなく、いつどこで誰が作ったのかもわからない謎の仏像である。この百済観音像は救世観音の冠を少しダウンサイズした冠を被っており、顔つきや胸飾りからみて女性の像とみられるが、きわめて秀麗で慈愛に満ちた姿の仏像であり、救世観音像と一対をなすものと考える。二つの像のコンセプトは基本的に似ており、恐らく同じ仏師による作品であろう。（百済観音という名称は根拠がない。正当な名称に変えるべきである。）

　では救世観音像が聖徳太子に似せて作られているのであれば、この百済観音像は誰に似せて作られたのであろうか。八頭身で高い鼻をしたこの人物像は当時の日本人のものとは考えにくい。おそらく母の間人皇后であろう。太子妃という意見もあるが、太子妃は一人ではないし、寵愛を受けた太子妃（膳部菩岐々美郎女か？）にしても、一人だけ仏像になるのはなんだか変である。常識的にはこの二つの像は聖徳太子母子と考えられる。彼らは生前は人々の崇敬を集めた人たちであり、ペルシャの王族からきた一族なのである。

図27　封印された救世観音が見つかった法隆寺夢殿
写真：takataka / PIXTA（ピクスタ）

　この二つの像の使用材は日本国内産のクスノキとヒノキであるので日本で作られたものと言われており、制作年代は7世紀前半～中期とされているので、太子と母が亡くなってすぐに制作されたものであろう。そして百済観音像は中宮寺金堂へ、救世観音像は法隆寺金堂に納められたと思われる。救世観音はその後、聖徳太子の祟りを恐れる勢力によって封印され夢殿に入れられたのである。その時期は山背大兄王の惨事の後であったであろう。

百済観音は法隆寺で発見されているが、もとは中宮寺にあったはずである。

百済観音は斑鳩の移設前の中宮寺から、相当数の寺宝が法隆寺に移されたうちの一つとする高田良信（法隆寺208世管主）の説に賛同する。

中宮寺で祀られる人物といえば間人皇后以外にはなく、したがって百済観音像は間人皇后と考える。

●付記

百舌鳥古市古墳群陵墓の実際の埋葬者の考察

2019年に世界文化遺産に登録された百舌鳥古市古墳群の埋葬者については様々な説があり、陵墓の発掘調査が許されていないことからなかなか確定できないのが実情である。その最大の問題は仁徳天皇陵とみなされている大山陵古墳よりも、仁徳天皇の嫡子である履中天皇陵とされる上石津ミサンザイ古墳のほうが古いことが分かっていることである。必然的に大山陵古墳は仁徳天皇陵ではないのではないかということになるが、いまだにこの問題に対する適切な答えは出されていないようである。

もう一つはなぜこのような巨大な古墳が河内平野に築かれたのかという疑問である。この疑問に対しても、単に大阪湾に入る外国船などにその威容による権力を誇示する為ぐらいの答えしか示されていない。なぜ応神と仁徳がそのような巨大な権力を持っていたのかという答えもないままである。

これらの問題の解答に近づくためには、アプローチのやり方を日本国内からユーラシア大陸に広げなければならない。歴史をユーラシア史の観点からみて、包括的に推論を詰めていけば、歴史的に矛盾しない考察が得られる。この河内平野に葬られているのは応神と仁徳という二人の天皇（当時はオオキミ・大王）だけではない。ここには日本武尊の子であり、神功皇后の夫である仲哀天皇とその子の墓も存在するのである。つまり、この河内平野は伽耶系王権と応神系王権、仁徳系王権の3つの王権の墓所となっているというのが筆者の見解である。

百舌鳥古市古墳群は突然誕生したわけではない。仲哀天皇は大和王朝を構成した本流の天皇であったが、神功皇后勢力が百済と結びつき、仲哀天皇とその子忍熊王を倒して王権を握ったのである。このことを広開土王碑文では百済は倭と和通したと書いている。仲哀帝の墓地は大和側ではなく河内平野が選ばれた。

その理由は定かではないが、仲哀帝は大和に宮を構えたことがなかったことと（その宮は近江、紀伊、角鹿、穴門、筑紫と変わった）、父の日本武尊は死後白鳥となり、河内の羽曳野に降りたため、河内には父の墓である白鳥陵があることなどが考えられる。忍熊王については父の墓所に葬られたと考える。（廱坂《かごさか》王についてはよくわからないが河内平野のどこかに存在する可能性はあると思う。）

仲哀帝の陵墓は伽耶の特徴を持つ陵墓に違いない。それは水鳥型埴輪など出土品の特徴からみて津堂城山古墳が適合すると思う。築造年代も380年頃といわれ歴史的に見ても一致する。津堂城山古墳の規模は外堀を入れると400mに達する。大和本流を構成した王の墓としてふさわしい規模である。

次に忍熊王の墓は年代的に見ると履中陵が一致する。忍熊王は大王となっていたと考える。規模も父の規模よりも一回り小さくなっている。（全長365m）ただし履中陵の情報は少なく、内容的に忍熊王の陵墓とする根拠はまだない。

応神天皇は一応仲哀帝の子という設定になっている。従ってその陵墓は仲哀帝陵墓の近くにあってしかるべきである。同時に応神は百済王家の皇子であり、父の近仇首王が亡くなってからは実質、百済王を兼ねている。その権力を誇示する為にはこれまで日本で築かれた中で最大の陵墓でなくてはならない（伽耶系を上回らなくてはならない。）、そして倭王であることを強調するためにも前方後円墳でなければならなかったのである。それが誉田御廟山古墳（425m規模）である。築造年代も410年頃とみられ歴史の事実に一致する。

そして最後に建造されたのが大山陵古墳である。仁徳陵は応神帝の子という設定であるから、同じ河内平野にあってもおかしくはない。大山陵古墳は応神陵規模を上回る平面的には世界最大の古墳（525m規模）となっている。その理由は、仁徳天皇は高句麗国王の広開土王であったからである。当時の高句麗は百済や倭国よりも国際的には上位に位置する強国であった。百済の王よりは当然ながら大きくなければならないのである。土王も高句麗を棄てて倭王となった以上、前方後円墳でなければならなかった。年代的には430年頃の築造とみられ歴史的にも整合する。

そうすると仁徳帝の息子たちは何処に葬られたのであろうか。それは、履中大王も反正大王も仁徳陵の前方部に葬られたのである。大山陵は3つの棺が収められている事はよく知られていることである。彼らは父の陵墓に埋葬されたのである。ただし初めから大山陵に葬られたわけではない。初めは別の古墳に埋葬されたが、何者かにより大山陵に移されたのである。恐らく百済系の者の仕業であろう。（允恭帝については仁徳の子ではなく百済からきていると筆者はみている。）仁徳天皇以降はこれを上回る規模の古墳は作られなかった。倭王としてその必要はなかったのである。

以上が筆者の百舌鳥古市古墳群の埋葬者に対する考察である。

第五章　月氏と倭国王権

◎月氏が辿った道（要約）

月氏はいかなるルートをたどって日本にたどりついたのであろうか。その要約を以下の通りまとめてみる。

① 月氏は紀元前3世紀頃から東アジアの歴史に登場する。しかし月氏ははじめから中国の北西部にいたわけではない。彼らの故地は中央ユーラシアであり、一説では氷河期からアルタイ山脈の南、タリム盆地あたりにいたと言われている。彼らはトカラ語を話すインドヨーロッパ語族に属し、白人種である。

タリム盆地の楼蘭の西（墓の谷）にはおよそ3800年前のものとされる多くのミイラが発見されている。有名な楼蘭の美女と呼ばれるミイラはウールの衣服をまとっており、きわめて保存状態がいいことで知られているが、彼らは月氏である。タリム盆地の西域諸国はシルクロードの交易の要所として大いに栄え、東西の文化のみならず、独自の文化が発展した処であった。そのため常に中華の帝国や匈奴などの遊牧民族の侵略の対象となった。

② タリム盆地にあった月氏は秦の時代（紀元前3世紀）には中国の北西部にあり、北東部の東

胡とともに盛んであったが、黄河中流域のオルドス地方にいた匈奴が強大となり、西方に追いやられた。その後、河西回廊の西の敦煌からタリム盆地の亀茲にいたが、漢の文帝の時代に匈奴老上単于《ぜんう》の配下の右賢王の征討によって、月氏王は殺された。そのため月氏は二手に分かれて逃げ、イシク湖周辺（現キルギス共和国）まで逃げたものが大月氏となり、南山羌（青海省）に逃げたものが、小月氏となったと言われている。紀元前2世紀の事である。

③　月氏のうちイシク湖周辺に逃げた大月氏はここで金の採掘にかかわったようである。イシク湖は古くは熱海と呼ばれた湖底から温泉が噴き出る湖である。一帯は火山地帯であり、金をはじめとする多くの鉱山資源があり、湖の中にはオアシス都市遺跡があることがわかっている。

④　その後、大月氏は烏孫に押され、イシク湖周辺から西のアム川とシル川の間のソグド人の土地、ソグディアナに住むようになった。大月氏はトカロイと呼ばれ、アシオイ、パシアノイ、サカラウロイの三種族と共にバクトリアを攻め征服する。やがて大月氏はバクトリアを手中に収め、そこに、五翕侯をおいて統治した。これがバクトリア王国で中国側からは大夏と呼ばれた。またトカラ人の国としてトハリスタンとも呼ばれた。バクトリアはアフガニス

タン北部を中心とする地域で、かってアレクサンドロス3世がギリシャ国家を建設したところであり、ここで月氏の文明とギリシャ文明の融合が行われたのである。（紀元前140〜130年頃）

⑤ 紀元後1世紀、バクトリア王国はそこを統治した五翕侯のうち、貴霜侯《クシャン》が他の4侯を滅ぼし、クシャーナ朝を建国する。（中国側からは大月氏国と呼ばれた。）このクシャーナ朝において月氏は隆盛の時を迎えることになる。クシャーナ朝はバクトリアからインド北部のインダス川流域、ガンジス川の中流域まで領土に収めることになった。クシャーナ朝はカニシカ王のとき最盛期を迎え、仏教を篤く信仰したため、大乗仏教が中央アジアから東アジアに伝えられたのである。つまり、大乗仏教を東アジアに伝えたのは月氏ということになる。初めて仏像が作られ、ギリシャ色の強いガンダーラ美術が誕生した。クシャーナ朝はバクトリアというシルクロードの要所を領有して繁栄し、特にローマとの交易においては代金として金がもたらされた。バクトリアの黄金はここからきているのである。しかもクシャーナ朝は領土拡大により、もう一つの交易路を手に入れていた。それはインダス川の港からアラビア海にでるルートと、ガンジス川流域からベンガル湾にでるルートを使った海の道の交易路である。

⑥貴霜翕侯に敗れた他の4翕侯（その内、誰かは特定できないが、休密翕侯ではないかという見方がある。）はインド東部のガンジス川流域のコーサラ国まで逃げたのではないかと思われる。その理由は韓半島南端の金官国に嫁に行った許黄玉はインドのコーサラ国の首都アヨーディアからきているからである。（アヨーディア国は紀元後127年クシャーナ朝に占領されているので、許黄玉が国を出たのは2世紀の初めであったであろう。）コーサラ国はガンジス川の中流域にあり、河を下ればベンガル湾に出て、海の道に繋がる。マラッカ海峡を通りインドシナ半島を経由して中国江南に定着した月氏は、三国時代の初めのころの江南の戦禍から逃れ、再び海に出たのである。

⑦ここから先は台湾暖流に乗り、韓半島南端を目指したグループと、台湾に渡り、南西諸島を渡るグループに分かれたようであり、韓半島南端に着いたグループは金官伽耶などの伽耶国を建国し、南西諸島から九州南部に着いたグループは鹿児島・宮崎に落ち着いたと考えられる。南西諸島を通った月氏はトカラ列島の名を残し、トカラ馬を残している。恐らく2世紀中頃であろう。その後、日向にいた月氏（トカラ人）は3世紀末頃、ヤマトを目指し神武と呼ばれるようになったというのが筆者の仮説である。

彼らは倭国と韓半島において一時期、王となり、その月氏の遺産はヤマトと金海と慶州に残っている。これが月氏が辿った道の要約である。

月氏の移動距離はおそらく3万kmを優に超える距離であろう。つまり地球の半周以上を移動したのである。特徴的なことは、月氏は単なる移民や難民ではなく、王族（指導者層）そのものが一族と共に移動しており、その歴史と文明と共に移動した民族であるということである。彼らはトカラ語という言語を持ち、優れた武器と馬を持ち、採鉱精錬技術を持ち、中央アジアとギリシャ・ローマの文明を持つ、極めて特異な民族である。

そのため、移動した土地では常に新たな王国の建設を目指しているが、それは月氏は王国建設の要件を元々満たしていた民族であるからということであろう。

◎神武と月氏のつながり

神武は本当に伽耶と繫がり同じ月氏と言えるのだろうか。

神武が月氏であるという直接的な証明は出来ないが、降臨神話の中に、古事記では瓊瓊杵命《ニニギノミコト》は「クシフルノタケ」に降りたというところがある。この「クシフルノタケ」は「亀旨フルノ峰」ではないのかという見方や、また日本書紀では高千穂の槵日《くしひ》の二上峯に降臨とあったり、高千穂の槵触峯《くじふるたけ》とあったりするのは、いずれも亀茲（呉音では亀はク・茲はシまたはジと発音する。）を指しているのではないかとする見方がある。また『旧事本紀』では、日向の国のことを「豊久《とよく》士比泥《しひねわけ》」と言っており、このことは「伽羅・亀茲の別流」といっている風に解釈される。（日向の首長は豊国別であり、一説には豊の発音はトヨではなくカラと呼ばれていた。）

さらに神武の父が「ウガヤフキアエズ」なのでこれは大伽耶を指しているのではないか、という見方もある。（大伽耶は上伽耶《ウガヤ》とよばれていた。ただし個別名称ではなく伽耶諸国の盟主という意味で使われたようである。）**これらの神話では天孫族は金官伽耶と同じく亀旨からきた、つまりタリム盆地の亀茲から来たと言っているように見える。**神が天から降下するという発想は、中央アジアのアルタイ諸族の持つ神の垂直降下の観念と一致する。（『日本書紀』坂本太郎・家永三郎・井上光貞・大野晋校注、補注より）

また嵯峨天皇の命により編纂された『新撰姓氏録』の右京皇別に新良貴（しらき・新羅）のところに「ヒコナギサウガヤフキアエズ男稲飯命之後也。是出於新良国。即為国主。稲飯命出於新羅国王者祖合」とあるが、これは新良貴と称するグループが自分たちはウガヤフキアエズの子の稲飯命《いないのみこと》から出たと言っており、稲飯命は新羅国の国王から出たと言っているように解釈される。この当時、新羅国はまだ出来ていないのでウガヤフキアエズが大伽耶とすると大伽耶の王家から出たということになる。神武天皇の兄の稲飯命が大伽耶から出たとすれば、当然神武も大伽耶の出ということになる。つまり月氏と繫がることになる。

これらの文は後世の付会と片づける人もいるが、このようなことをわざわざ後付けする理由はない。『新撰姓氏録』以外の記紀の記録や、現実に発掘された古墳からの出土品を見る限り、神武一族が伽耶の方向を向いていることは事実である。

日向には伽耶に繋がる地下式墳墓が存在する。西都原地下式4号墳はまず地下に竪穴を掘り、さらに横方向に穴を掘って墓室を作るが、天井は切妻方式となっており、妻側から出入りするようになっている。内部は朱で塗られており、その広さは長辺が5・5m、短辺が2・2mであり、高さは1・6mであり、副葬品は三領の鉄製短甲や直刀五振や鏡、多くのガラス玉などが出土している。立派な地下式墳墓であるが、そのロケーションから見て神武一族に仕えた人たちの墓とみたほうがいいかもしれない。日向には鹿児島にかけてこうした地下式墳墓が1000基以上あるとみられ、小型ではあるが、基本はスキタイ、月氏などの遊牧騎馬民族の地下式墳墓の延長線上にあるものと考えられる。伽耶の地下式墳墓は地表を掘って長方形の墓壙を作り、木材や石板で蓋をして通路を作り、短辺側から出入りできるようにした方式であるが、これも地下を掘って墓室を作る方式であり、基本は同じと考える。地上には墳丘を作るもの、何もないものがあるのも同じである。重要なことはこれら地下式の墳墓は、基本は遊牧騎馬民族のものであるということである。（多くの騎馬民族の墓制が地下式となったのは、副葬品の黄金製品を盗掘から守るためであった。）日向も伽耶も月氏の末裔として、その伝統を受け継いでいるのである。

早稲田大学による1991年から始まった新疆ウイグル自治区のトルファン盆地の溝西墓地での遺跡調査によれば、墓は地表には何もない、単純な地下式墳墓であるとのことである。先述のアルタイのパジリク古墳も、バクトリアのティリア・テペの遺跡も地下式墳墓であることを考えれば、月氏の墓制は基本は地下式墳墓と考えていいのではないか。

ではなぜ神武の墓制は地下式墳墓ではなく前方後円墳なのか。その答えは推測にしかならないが、地下式墳墓か、前方後円墳かということは、盗掘対策にウェイトを置くか、部族の権威（象徴）にウェイトを置くかということになるので、当時のヤマトにおいては、神武は部族の権威を優先したのであろう。（初めは円墳であったが、祭祀場としての方墳を付随させたのである。なお匈奴系は方墳である。）

おそらく部族の首長は前方後円墳とし、彼らに仕える者は地下式墳墓としたのであろう。

神武と伽耶との繋がりについていえば、神武が東遷の時に立ち寄った場所は、始めに宇佐に立ち寄り、ウサツヒコ、ウサツヒメの饗応を受けている、これは宇佐は豊の国の一部であり、日向と同じ仲間だからと解釈される。次に筑紫の国の岡田宮に行っている。ここは饒速日がいた崗水門であり、同族の可能性が高い。次に阿岐国に行っているが、ここはどういうつながりがあるのかよくわからないが、一宮の厳島神社が宗像三女神の市杵島姫を祀っているので宗像

～伽耶とのつながりがある処なのかもしれない。最後に立ち寄ったというより滞在したのが吉備である。ここは伽耶人のクニとみられる。吉備は神武よりも早くヤマトに達しており、尾張などの国と連携し、纏向に拠点を築いていたようだ。

こうしてみると神武一行は自らと関係のある同族のクニに滞在しながら東遷しており、そこは伽耶とも関係のある処であったと考えられる。

更に付け加えるならば、色々話題の多い素戔嗚命もその足跡を見る限り大伽耶から来た可能性が高い。高霊（大伽耶にある）の牛頭山と繋がり、牛頭天王《ごずてんのう》と呼ばれ、インドの祇園精舎とつながり、その足跡には伽耶の名が残っているからである。素戔嗚は神武や饒速日と違い、まずインドのコーサラ国（おそらく祇園精舎のある舎衛城）から伽耶に入り、伽耶から出雲に入ったと考えられるが、素戔嗚も、饒速日も、神武も、貴霜翕侯に敗れてコーサラ国まで逃れた大月氏の翕侯の一族であったとみるべきであろう。

そうすると嵯峨天皇が素戔嗚命を皇国の本主と仰いだことも、故ないことではないということになる。

なぜ日向から始まるのか

もう一つは、始まりはすべて日向からということになっているが、なぜ日向なのかという問題である。神話の世界では、天照大神、月読命、素戔嗚命が生まれたのは日向の海岸であり、天孫が降臨したのも日向である。神武は日向から畿内へ出発したのである。なぜ日向でなければならなかったのかということについては、重要な意味が隠されているに違いない。近年、日向地方では次々と新しい古墳が発見され調査が進められている。その内容はこれまでの予想を超えるものとなっており、前方後方墳の原型ともいえる古墳も発見され、多くの地下式墳墓も発見され、独特な埴輪も発見されている。推古帝が「馬は日向の駒」といっているが、なぜ日向の馬が名馬なのかも考えなければならない。

神武の東遷は久米部などの南方海人族、隼人の活躍により成し遂げられたのである。雅楽には神武と共にこの久米部がヤマトの宇陀に侵入し、先住民であるエウカシ・オウカシの兵を破り、さらには土雲八十建《ツチグモヤソタケル》や長髄彦《ナガスネヒコ》を破り、ヤマト王朝の基礎を築いたことを称え、今も「久米舞」が残っている。これまで述べてきた、国造り神話も、神社の成り立ちも、日向で出土した埴輪もその原点は南方にあることは間違いない。そしてこれらの疑問に対する答えは、神武一族は南方からやってきたからという答えしか筆者には考えられない。

しかし神武一族は東南アジアから来たということを言わんとしているわけではない。東南アジアから来たのは、台湾からオーストロネシアに拡散した人たちがインドネシアなどの東南アジアに入り、そこから鹿児島、宮崎に到達した人たちであろう。

神武一族は大月氏のクシャーナ朝において、五翕侯の権力争いに敗れた翕侯の一部がインドからガンジス川を通って逃れ、海の道を通って中国江南に入り、そこから南西諸島を通って日向に着いたメンバーなのである。江南から南西諸島を経由して黒潮に乗れば、まず宮崎海岸に至り日向に到着する可能性は極めて高い。

黒潮の通り道である宮崎県海岸では高鍋藩の記録に慶長年間から嘉永年間の間に11回も中国船が漂着したと書かれているそうである。

日向は偶然ではなく、ほとんど必然の事と言えよう。

さらに騎馬民族でもある月氏は馬と共にやってきた。それがトカラ列島に馬を残し、日向に馬が持ち込まれたということなのである。応神のころ、4世紀にはまだ日本には馬はいなかったと思う。それで応神は日向から難波に馬を運び、河内の牧で馬を育てて、韓半島に送ったのだろうと考えられる。

伽耶はどう見ても東アジアの国ではない。騎馬民族として優れた馬具を備え、その装飾は中央アジアのものである。武器も華やかな装飾があり、剣はギリシャのアキナケス剣を思わせる。水晶やガラスの玉などの装飾品も東アジアのものではない。金細工の装飾品も洗練されており、文化の高さが感じられる。その始祖伝説のとおり、亀旨から来た可能性は高い。亀旨からきてインドから王妃を迎え、バクトリア色のある民族と言えば、バクトリアとインドをその領域とした大月氏しかない。伽耶が月氏の末裔となれば、神武一族もまた月氏の末裔となるのである。

◎日神信仰について

記紀神話では神武は自らを日神《ひのかみ》の子孫と言っている。また後年、柿本人麻呂は天武天皇とその皇子を日の皇子《みこ》と呼んでいる。柿本人麻呂は天智天皇などの百済系氏族は本流ではなく天武天皇の一族こそ、日神の子孫であると言っているのである。

なぜ神武が日神（太陽神）の子孫なのかについて考察を述べたい。

金官伽耶国はインドの阿喩陀国（アヨーディア）から妃を迎えたが、金氏も許氏も共に月氏の末裔のため月をそのシンボルとした。しかしアヨーディアにはもう一つの顔があった。それは太陽神崇拝である。

インドのプラーナ文献（ヒンドゥー教の聖典）によればインドの古代の王はすべて「日種」と「月種」に分かれており、アヨーディアを首都とするコーサラ国の王イクシュヴァークは日種族の始祖王となっており、アヨーディアは太陽の一族と呼ばれているのである。

当然ながらアヨーディア国から来た許黄玉は太陽神を崇拝するため、金官伽耶国は月をシンボルとし、太陽神を崇拝する国であったと考えられる。許氏は巫術師と言われているが、おそらく太陽神を祀ったのであろう。同じ許氏が起こした許昌の乱で許昌は自ら「陽明皇帝」と称している。金官伽耶国が太陽神崇拝であれば、伽耶と関係の深い倭国にも太陽神崇拝が持ち込まれた可能性も否定できない。

神武が日神崇拝なのは伽耶つまりアヨーディアの太陽神崇拝からきているのではないかとも考えられる。日の丸の国旗や菊の御紋が定められたのは近世の話であるが、いずれも太陽神崇拝の長い歴史が背景にある。〈菊の御紋は世界的には太陽紋として使われている。〉

伽耶の対岸にある福岡糸島郡の平原《ひらばる》遺跡《いせき》はその出土品からみて伊都国の王墓であり巫女の墓とみられるが、太陽の昇る方向に大柱が建てられ、太陽祭祀が行われていたことが推定されている。また大型の内行花文鏡は太陽祭祀に使われていたものと見られる。〈銅鏡は神獣などをモチーフにしているものが多いが、この内行花文鏡は中心に日輪とみられるものが描かれ、太陽をモチーフにしたものである。しかも八咫鏡《やたかがみ》と呼ばれる大鏡（46・5cm）であり、いわゆる御神体としても使われたのではないか。伊勢神宮の八咫鏡はこの鏡と同じものではないかという説がある。〉

糸島郡は邪馬台国の伊都国であるので、邪馬台国に太陽崇拝があったことになる。

ただしこちらの太陽崇拝は農耕民族全般にみられるもので、伽耶とは別のものであろう。

伊都国と伽耶のつながりは深く、鉄を中心とした伽耶との交易はこの伊都国を中心に行われており、伊都国は邪馬台国の一大率と呼ばれていた。糸島郡には可也山《かやさん》、芥屋（伽耶？）など、伽耶の名前を想定させる多くの地名が存在している。

この平原遺跡からの出土品で最近注目を浴びたのが、重層ガラス連珠である。調査の結果、モンゴル、カザフスタンに類似のものがあることがわかり、中央アジアからきた可能性が高いことが分かった。このようなガラス製品（ソーダガラス）はローマ帝国の地中海沿岸が原産であり、伽耶との交易の中で入手されたものであろう。このことは伽耶が中央アジアとつながりのある国であることを示唆している。

先述した「伽耶がヤマトのルーツではないか」という表現は誤解を呼ぶもとになるので、「ある時期ヤマトは伽耶から王を迎えたのではないか」あるいは「ある時期ヤマトと伽耶は共存共栄圏にあったのではないか」という言い方に変えたいと思う。

何故ならヤマトを構成したのは伽耶だけではないからである。

ヤマトと伽耶はその古墳に残る出土物にあまりにも共通点が多い。4世紀から6世紀にかけて伽耶の古墳で出土する副葬品は、ヤマトの古墳で出土するものと極めて似通っている。このことは幾つもの研究論文でも発表されており、須恵器では高杯型器台や把手付短頸壺、馬具、甲冑さらには鉄鋌など、倭系文物では巴形銅器、筒形銅器、紡錘車型石製品など数々ある。このことは伽耶とヤマトの王権が同じ文化圏にあったことを証明しており、同じ王権に属していたと言っても過言ではないのではないかということになる。

なかでも「巴形銅器」は倭国と伽耶関連以外では発見されていない独特なものであるが、弥生後期における出土は九州と敦賀湾近辺と山陰と吉備に多く、古墳時代に入ると近畿ヤマトや尾張に多くなり、分布状況は一変する。これは九州、敦賀や山陰には早くから伽耶から渡来していたことを示しているし、古墳時代にはヤマト王権に定着していたことを示している。面白いのは巴形銅器にせよ筒形銅器にせよ伽耶から一方的に倭国に伝わったのではなく倭国でも生産されていたことである。

古代は民族のネットワークが発達していた時代である。台湾の旧家では何代も前の一族が今どこにいて何をしているかすぐわかる。ネットワークで繋がることが勢力の拡大と生き延びることにつながるのである。許黄玉がインドから韓半島南部まで嫁に来たのは一族が韓半島南部で王になっていたことがわかっていたからである。同じように大伽羅国や新羅の皇子が倭国の大王に会うため渡来してくるのは同じ一族だからという可能性が高い。従って崇神大王は伽耶からきているのではという推測が成り立つのである。

◎採鉱民族という見方

およそ4世紀までの古代日本にやってきた渡来人は、ほとんど鉱物資源を目指してやって来ている。彼らは穴師と呼ばれ、北九州から豊前、豊後、日本海側から丹後、丹波、越前、近江などの山地を掘り、鉱物資源を得ていた。主として鉄、銅、金、丹である。彼らは、それを精錬することにより、多大の富を得ていたのである。

彼らは互いに連携を取り、各地に進出した。そのことが、豊前と丹後に同じ伝説が残っているということなのである。

その渡来人とは誰なのか、現地に残る伝説は彼らが伽耶から来たことを示している。なぜ伽耶の人たちは日本に鉱物資源を求めたのか。

ここで採鉱民族という視点で中央アジアを見てみよう。

中央アジアには黄金のベルト地帯があることは先に述べた。金があるということは火山があり、他の鉱物資源もあるということである。

月氏はアルタイ山脈の南から出ている。このアルタイ山脈とは黄金の山を意味し、アルタイ地方は金、鉄、銅、亜鉛などの鉱山があり、現在のカザフスタン共和国の重要な財源となっている。さらに南のキルギス共和国にはイシク湖の金山があり、隣国のタジキスタン共和国、ウズベキスタン共和国もまた金銅鉱山が続く一大鉱山地帯となっている。スキタイに始まる遊牧騎馬民族にとって「金」は貴重な財宝であり富の象徴であった。

中央アジアを故地とする月氏は鉱物資源の価値を知っている民族である。本来は交易の民であるが、その交易の中で最も価値のあるものは、金であり、銅であり、鉄であるからである。伽耶は鉄の精錬により、栄えた国である。交易の材料となった鉄鋌は今も金海の博物館に残る。倭国は多くの鉄や銅を必要としていた。韓半島の南端の狭い地域では多くの鉱山資源が望めるわけもなく、彼らは倭国に渡ったのである。

そして伽耶は初めに豊前香春で銅を作り、越前、近江などで鉄を精錬し、富を蓄え、大きな勢力となって、倭王権を構成する一員となったのである。

なぜ伽耶は鉱物精錬技術をもち、採鉱を行ったのかと言えば、かれらの先祖は採鉱民族とも言うべき月氏であったからである。それは伽耶が財宝とする金細工や王冠などの宝飾品、刀剣などを見れば明らかであり、東アジアにはないものである。

◎倭国大王の系図

神話では海神を母とし天神を父とする神武の系統が倭国の王権の始まりである。この天神というのは天から来た、つまり倭国以外のところから来たという意味であるので渡来人を王としたということになる。海神とは海を根城に活躍した土着民ということになろうか。縄文時代からの古層民族である。

他所の国の王家から王がやってくるという事例は世界にいくつもある。人民は自分たちの王としては、王家の血筋を高貴の血筋として承認するのである。

その古代倭国の王として承認されたのが、「伽耶」の王、言い換えれば月氏の末裔であったということが本書の見解である。ただし、古代の王というものが、どのように定義されるものかについては、幅広い検討が必要となろう。

それでは伽耶から来た大王とは誰なのか。それは神武から崇神、垂仁、景行、成務、仲哀大王であろうと筆者は考えている。ということは古代日本の大王は応神より前は伽耶系（月氏系）であり、その伽耶系大王を海人族や神武以来の豪族が支えたという構図であったと思われる。神武は同じ伽耶系でも金官伽耶ではなく、大伽耶系のように思える。神武のあとは金官伽耶系が中心となったが、金官が斯盧国と一体化し新羅となってからは再び大伽耶系が中心となっていったようだ。仲哀帝は神の怒りに触れて亡くなったことになっているが、それまでの倭王権の本流であった伽耶系である。仲哀帝の陵墓は岡ミサンザイ古墳と言われているが、私は伽耶系の埴輪や巴形銅器などが発見されている津堂城山古墳であろうと考えている。

その仲哀帝から王権を簒奪したのが、百済の皇子であった枕流王・応神である。

応神は初めて百済王家から来た倭王なので百済系の王からは始祖王とみなされていたようである。応神の後、次の仁徳は高句麗系（慕容氏系）となり、履中、反正、允恭（百済系の可能性がある）と続くが、安康、雄略、清寧と百済系が続き、顕宗、仁賢と高句麗系に戻り、武烈から継体、安閑、宣化と百済系となる。そして次の欽明の時ようやく伽耶系に戻るのである。継体亡き後、安閑、宣化を排して伽耶から王を迎えたのは蘇我氏であった。蘇我氏は王家の系列ではなく広開土王に付随してきた臣であるため王というわけにはいかず、ヤマト本流である伽耶から王を迎えたというわけである。

それ以降は欽明系（蘇我系）の敏達、用明、崇峻、推古と続くが、舒明以降は百済系が王権を掌握し皇極（斉明）、孝徳、天智と続き、壬申の乱により、倭国本来の王権である海人族系の天武天皇が誕生するのである。この天武天皇はおそらく伽耶系であろう、一族は日の皇子と呼ばれている。

私見ながら倭国大王の系図を表せば、次の通りとなる。

◉倭国大王の系図（神武〜天武）

※筆者の仮説に基づく想定図

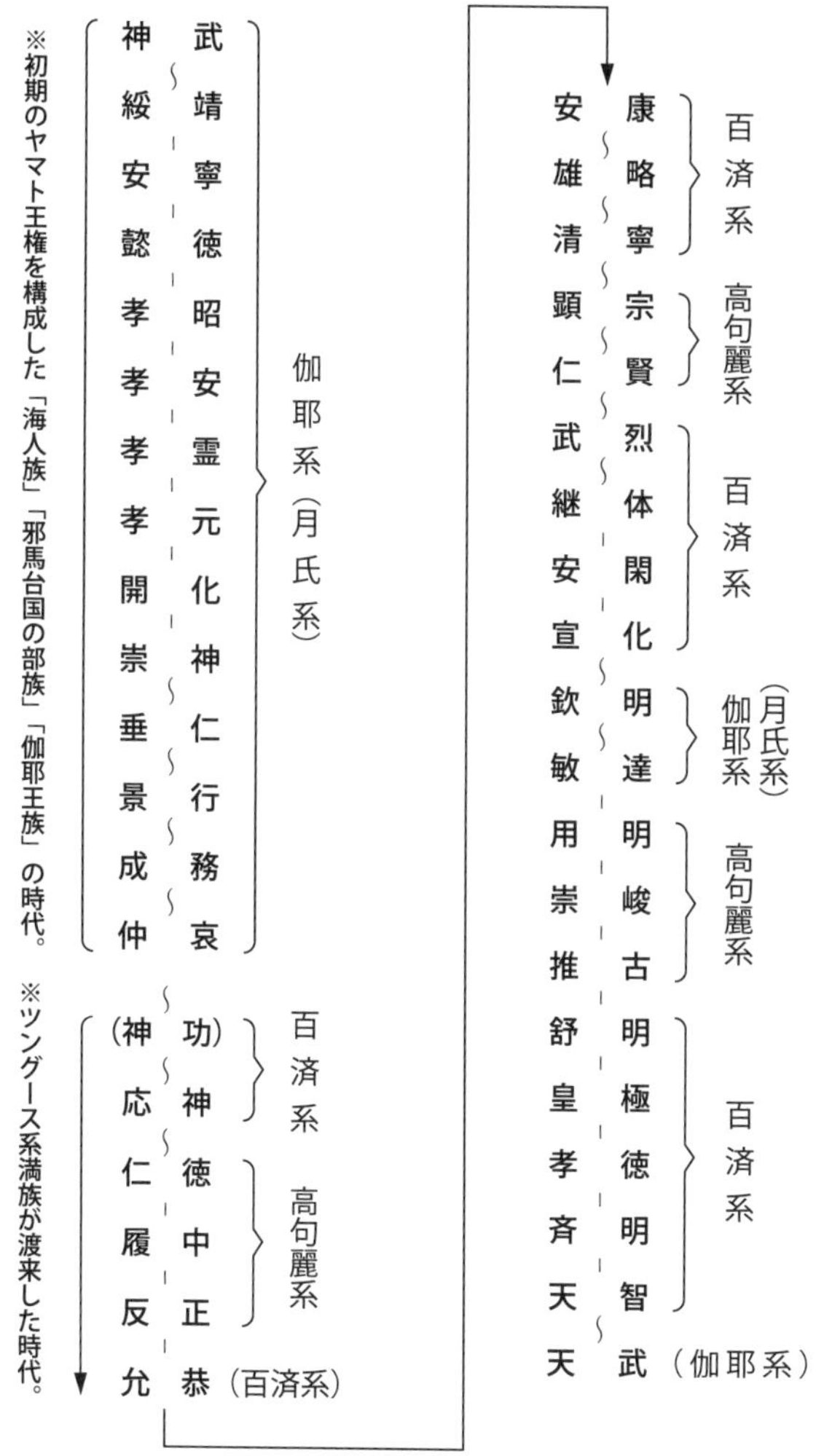

図28　倭国大王の系図（神武〜天武）

※　欠史八代について

図28の「倭国大王の系図」にある神武大王と崇神大王の間の綏靖〜開化の八代の大王については実在性が疑われており欠史八代と呼ばれている。神武東遷を3世紀末と考える筆者としては年代的に見て当然、欠史八代は事実であろうと考えているが、大王（天皇）の在位年数の見方によっては八代かどうかは別にして、存在した可能性もあると思う。

神武は一族や久米部などの武力によって宇陀地方に侵入して饒速日の勢力と合体し、そこに旧邪馬台国の勢力（巨勢、蘇我、平群、葛城など）が内海を渡って畿内に達し、合流して磐余に王権を建てたと考えられるが、神武の頃はまだ地方王権に過ぎなかったはずである。崇神大王はハツクニシラス王といわれ神武と同じく初代大王の如く呼ばれているが、おそらく崇神の頃にヤマトを中心とする王権らしきものができあがったのではないかと思われる。欠史八代の大王の后はヤマト地方の地方豪族から出ており、その王権のエリアはまだまだ狭いものであったであろう。欠史八代がヤマトの地方王権として存在した可能性は否定はできないと思う。やがて出雲が統合され、崇神大王以降、仲哀大王まで関東（の一部）から九州（の一部）まで統一王権として発展していったと考えられる。

古代日本の王権とは何か

それでは古代日本の王権とは何なのか、を考えてみると、これまで述べてきたように、「伽耶系―百済系―高句麗系」の三つの系統が考えられる。ただし初期の倭国は統一されていないので、倭王権といっても全体を掌握しているわけではない。あくまで地域国家であるので、どの地域国家が倭国を代表するかはわからない。中国の魏国に朝貢した邪馬台国は一つの候補となっているが、ひょっとすると出雲国かもしれない。あるいは丹波王国かもしれない。そのような状況下で倭国王権を論ずるわけにはいかないが、記紀を書いた勢力は神武天皇という王権を作り出し、王権は神武に始まるという形を作り出した。神武の時代はまだ地域国家の時代であり、徐々に国家らしきものが形成されていったということであるが、初期の日本がどのように成立していったかということを以下の通りまとめてみる。

一、縄文時代～弥生時代にかけては環濠集落の時代であり、環濠集落が集約されて「クニ」が出現し、そのうちの有力な「クニ」が「国」となっていったことは想像できる。その初期の国を構成した人々は、アイヌと呼ばれた人たちや大陸や南方から渡ってきた人々であるが、島国である日本の場合の有力な住人は海人族であったであろう。（船は権力の象徴でもある。）そのことは後漢の光武帝の時に朝貢した「那国」（奴国）をみればわかる。

二、長い縄文時代の主役はアイヌ（ただしその構成は別として）であるが、弥生時代に入り、歴史に登場する国を形成していったのは、海人族であり、農耕を行う有力な土着民であり、文明を携えた渡来人などの日本に移住してきた人たちであろう。彼らは局地的な国占めの争いを行い、自らの領土を確定していった。そして出来上がった縄張りとでもいうべき土地は「小地域国家」となっていった。後漢書では凡そ百余国とある。しかし倭国の大乱が示すようにさらに広域の国を作ることは難しかったようである。

三、古代日本において広域な国を治めるには指導者は「神に仕え神を代弁する神官」か、誰もが納得する「王の一族」であることが必要であった。

そして王権にふさわしい人物かどうかは、有力な部族を代表する者たちの承認が必要だったのである。初めは神に仕える神官が選ばれた、それが邪馬台国であったが、まだ統一国家以前の時代である。

四、古代日本の王権とは何かを論ずるとき、王権にふさわしい人物と、それを承認する群臣の二段構造になっていることを知ることが重要である。

五、まだ統一国家とは言えないが、統一国家を目指すようになると、それにふさわしい条件にかなった人物を王たちの代表として迎えることになり、それに該当するのが「伽耶の王族」であったという訳である。先述の如く伽耶はそのすべての条件を満たしていた。なぜなら伽耶は月氏の王族の末裔だったからである。

六、そして大王《おおきみ》は群臣の支持を得て、さらに全国の統一を進めていったのである。そういったことが四道将軍などの伝説として残されたのであろう。この時代を担ったのが伽耶勢力であったのである。

七、しかし伽耶は朝鮮半島南部に居たため、日本は南下するツングース系満族の国の争いに必然的に巻き込まれていく。そして百済、高句麗の王族が日本の王権を握ることになっていったのである。（百済、高句麗は7世紀に入り滅亡する。百済は藤原氏として長く王権への影響力を残したが、武士の登場により日本の王権は変貌する。）

ただし伽耶や海人族を中心として築かれた日本の王権の基本構造は消滅したわけではなく、邪馬台国の豪族など有力な氏族もずっと継続して残り、8世紀に入り皇統紀として日本書紀が取り纏められ、独自の日本の王朝のカタチは残されていった。

日本書紀の継体紀には大伴金村が、仲哀大王の五世孫の倭彦王を大王に推戴しようとするが逃げられてしまう話が出ている。仕方なく今度はヲホド王と呼ばれていた応神大王の五世孫の継体を大王に推戴している。（この五世孫というのは血縁関係にあるという意味だけで正確なものとはとらえにくいが、継体の場合、百済王家の系図に照らし合わせると見事に五世孫に一致する。前著参照。）つまり大伴金村は初め伽耶系の王を推戴しようとしたが断られ、百済系の王に乗り換えたわけである。

このことは古代日本の王権の実態を如実に表している。

日本は古代を継承する国

これまで古代日本の王権は神武以降、伽耶系―百済系―高句麗系―百済系と変化していったことを述べたが、言語学的に、遺伝子学的に、民俗学的に見た場合、どのような見方ができるのであろうか。

はじめにオーストロネシアへの拡散のなかでオーストロネシアの国々へは台湾から拡散していったこと、それは同時に日本にも来ていること、その台湾にはどこからやってきたかということについては閩越と呼ばれた今の福建省あたりから来たと述べた。しかし閩越にはどこからやってきたかということを考えてみれば、日本に残る様々な慣習からみて、中国の南西部の南越国や夜郎国、滇国にあたる地域（チベットを含めて）からということになるであろう。なおチベットから青海省の地域は後年小月氏がとどまった地区であり、月氏のトカラ語が影響を与えていることも考えられる。

「アイヌ語は何処から来たのか」というテーマについてブログやユーチューブで研究調査結果を述べている出口日向氏は、アイヌ語はインドヨーロッパ語族のトカラ語Ｂ（亀茲語）とオーストロネシア語族（主としてタガログ語）のクレオール言語（※）であると述べている。

そして北海道のアイヌ語の地名から、北海道は初めインドヨーロッパ語が入り、その後、オーストロネシア語が入ったと述べている。

そうすると、おそらく楼蘭の遺跡の時代（４０００年前頃か）にトカラ語Ｂはシベリア南部を通って北海道に達し、その後、南からオーストロネシア語が入り、アイヌ語を形成した可能性があるということになる。しかしこのようなことの実証はまだこれからであり、現時点では可能性があるということに留めておきたい。

日本は遺伝子構成からみても古層に属する遺伝子が過半を占める民族である。

その歴史は中国・韓半島からの渡来人が作った如く理解されることが多いが、よく見れば、中国も韓半島も通り道に過ぎず、実際にやってきたのは扶余族であり、トカラ人（月氏）であり、東南アジアやチベット東部からの渡来人である。それを受け入れた縄文人も北から来たインドヨーロッパ語族と、南から来たオーストロネシア語族が混交して出来た可能性があるということである。

※　クレオール言語とは意思疎通ができない異なる言語圏の間で交易を行う際、商人らなどの間で自然に作り上げられた言語が、その話者の子供の世代で母語として話されるようになった言語を言う。

●付記

1、邪馬台国の位置についての見解

邪馬台国《やまとこく》が存在した2～3世紀の時代は倭国に統一国家はなく、地域国家の時代であり、邪馬台国はその中の一つの国であった。

紀元後すぐ（57年）に後漢に朝貢した国があった。その国は後漢の光武帝から蛇のつまみのついた金印を拝受しており、「漢委奴国王」とあるので、倭の奴国と考えられている。金印が発見された場所は博多湾に浮かぶ志賀島であり、安曇族が支配する博多湾岸にあった那の津の国と考えられる。那は奴と表現され奴国となっているが、那の津の国の事であろう。この時代

多くの小国があり、那国はその中の盟主的位置にあったと考えられる。北部九州は当時、隣国の韓半島が後漢の支配下にあったため、那国は後漢に朝貢し、臣下の礼を取るとともに、小国の盟主的地位を認めてもらうために朝貢したのである。

やがて2世紀の後半になると倭国は大乱と言われる時代に入り、長期にわたり混乱の時代が続いたが、鬼道に仕える卑弥呼の擁立により国はまとまったとある。そしてその国は邪馬台国と称し、後漢のあと三国時代の覇者となる魏国に朝貢したため、魏志倭人伝に記載されたのである。なぜ魏国に朝貢したのか。

燕国皇帝を自称し、遼東半島から韓半島北部を統率し、漢の時代から続く楽浪郡、帯方郡を支配していた公孫氏は、邪馬台国にとっては直接影響を受ける隣国の支配者であった。卑弥呼は敵対する狗奴国に対抗するためにも、大国の傘下に入ってその庇護を受ける必要があったのである。つまり公孫氏に朝貢していたと考えられる。〈『山海経』（せんがいきょう・中国の最古の地理書・紀元前4世紀～3世紀）によれば、「大国燕の南に倭あり。北の倭は燕に属す。」とある。北の倭とは狗邪韓国の事であろう。南の倭とは大国燕の南とあるので邪馬台国の事であろう。紀元前1世紀の『漢書地理志』には「夫れ楽浪海中に倭人あり。分かれて百余国となる。歳時を持って来り献見す」とあり、韓半島にある漢の楽浪郡に朝貢していたことが書かれている。〉

しかし思わぬ事態が発生した。燕王公孫淵は魏の大将軍司馬懿に打ち取られ、公孫氏の燕国は滅亡するのである（238年）。そのため時を置かず、卑弥呼は魏国に朝貢したのである（239年）。三国を統一し魏国（晋）を建国したばかりの皇帝（叡帝か）は卑弥呼の朝貢を喜び、「親魏倭王」の金印と銅鏡百枚などを下賜したのである。銅鏡は邪馬台国を構成する各国への威信材として大きな役割を果たしたことだろう。

旧唐書の倭国伝冒頭には、倭国は古の奴国であるとある。つまり中国側ではこの頃の倭国は博多湾岸の奴国から始まったと理解しているのである。魏志倭人伝のなかの倭人の様相も南方のものであり、九州、特に海人族のものである。

これらの歴史的、地理的な状況から邪馬台国は北部九州にあったものと理解している。

邪馬台国については魏志倭人伝の記述からその位置について様々な説が出されており、結論も出ていないが、早く決着させるべきである。魏志倭人伝の記載をそのまま辿るだけでは正確な位置を知ることは出来ない。（不毛の議論となる。）

何よりも2世紀から3世紀の東アジアの政治情勢を見れば、邪馬台国は北部九州以外は考えにくい。当時の情勢は邪馬台国が一国では成り立たないことを示しており、そのために朝貢したのである。神武が東遷した後、狗奴国に敗れた邪馬台国は神武を追って畿内へ移動したため、神武が建国した畝傍山あたりの磐余と呼ばれた地区には旧邪馬台国の地名が多く残されているのである。

なぜ神武と邪馬台国は合体したのか。一説によれば邪馬台国は日向にあったという説もある。（中田力《つとむ》氏によれば、魏志倭人伝にある邪馬台国への行程を正確にたどれば、日向の西都原あたりとなるようである。）邪馬台国が日向にあれば神武と一体化するのは当然であるが、日向では狗奴国との位置関係が合わない。魏志倭人伝には狗奴国は邪馬台国の南にあるとある。狗奴国は有明湾に注ぐ菊池川の流域にあると考えるべきである。この流域には古来より多くの人たちが大陸より渡来しており、中国にある地名も存在する。王の名もクコチヒコであり、これを菊池彦とすることに異論はない。邪馬台国は台与の時、狗奴国に敗れ瀬戸内海を渡って畿内に逃げたのである。もし邪馬台国が日向にあったとすれば、狗奴国との戦いに敗れた後、日向は存続できていないはずである。日向は神武東遷後もヤマト朝廷を支え続けている。伊都国をはじめとする邪馬台国の人々は瀬戸内を渡り、おそらく紀ノ水門から紀ノ川をさかのぼったのであろう。（当時の大阪湾から大和川をさかのぼるのは河内湖があり淀川の土砂により地形が複雑に変わるため難しかったと思われる。）

紀ノ川流域には伊都国から来たという伝説が残る。紀ノ川はゆったりとした流れで、五条まで遡り、そこから陸路で奈良盆地の南部地域の橿原、桜井に達したと思われる。（古代奈良は奈良湖があり、3世紀頃はまだ湿地帯が多いため必然的に畝傍山のあたりに達することになる。）

伽耶と関係の深い邪馬台国は伽耶系の神武と合流することで国の建設を進めていったのであろう。そして邪馬台国の人々は新しい国を再びヤマトと呼んだのである。（従って、邪馬台国はヤマトコクと読むべきである。邪馬台国をヤマタイコクと読むのであれば、ヤマタイという言葉が残っているはずである。）

2、狗奴国と九州王朝

邪馬台国を畿内へ追いやった狗奴国は肥（火）の国に加え、かっての邪馬台国の領土である筑紫（福岡・佐賀・大分北部）を領有化した。肥の国を中心とした狗奴国は菊池川流域の玉名に王都を築いていたが、筑紫領有後は福岡（筑紫）と熊本（肥の国）の間の八女に都が置かれた。これが九州王朝である。九州王朝は歴代の中華王朝とも交流を持ち、王はオオキミと号したが、暦を使い年号を持っていたので実質的には天子としてふるまっていたであろう。

５２８年に勃発した磐井の乱は、日本書紀では一筑紫国造の乱のように書かれているが、実際は新羅を討とうとしたヤマト王朝の継体大王の目論見を阻止しようとした九州王朝の王の乱である。磐井の乱に敗れた九州王朝は弱体化し、ヤマト王朝の支配下に入ったものとみられるが、その後も九州王朝としての体面は保たれ、６００年には遣隋使の派遣も行っている。しかし６６３年の白村江の戦いでは、筑紫の軍勢は関東軍などと共に百済・倭国軍の先兵とされ、唐、新羅連合軍と戦い完敗した為、筑紫の君（九州王朝の王）である薩野馬《さつやま》（薩夜麻とも）は唐の捕虜となってしまうのである。ここに実質的に九州王朝は滅亡するが、３世紀から７世紀まで存続したとみられる九州王朝はヤマト王朝と並立して存続していたのである。

3、遺伝子からの推測　～遺伝子から何がわかるのか

最後に遺伝子の科学からみた古代史について触れておきたいと思う。ただし筆者は遺伝子科学者ではないのであくまで古代史側からみた参考意見としてご理解いただきたい。

近年の遺伝子工学の進歩は考古学や歴史学に科学的な情報を提供し、その発展に大きな影響を与えている。科学的な貢献をしているともいえるであろう。また一方では遺伝子工学の科学者からは考古学や歴史学において「ハプロタイプ解析」に頼る一面的な見解に警鐘を鳴らす意見もある。

遺伝子から何がわかるのだろうか。

ＤＮＡは遺伝子情報を符号化したものである。遺伝情報のすべてがＤＮＡ配列のみで決定されるものではないようであるが、最も重要なものであることは間違いない。ＤＮＡは染色体という塊を作る。染色体はヒトの遺伝子情報の塊である。

ヒトの染色体は46個存在する。46個の染色体のうち44個までは同じ遺伝情報が書き込まれた染色体が２個ずつ対になっており、常染色体と呼ばれる。１番から22番までの番号がつけられ

ている。残りの２つは性染色体と呼ばれるもので、Ｘ染色体とＹ染色体がある。Ｙ染色体は男性になる情報が載っているのでＸＹとなった場合は男性になる。ＸＸとなった場合は女性となる。

従って男系社会であればＹ染色体がつながることになり、その系統が推定できることになる。女性の場合はミトコンドリア遺伝子の解析を行うことになる。男女を問わずミトコンドリアはすべて母親から受けとるのである。

Ｙ染色体は人類が誕生したおよそ20万年の間に変異があり、多くの多型が生まれている。その起こり方を統計学的に処理することにより、Ｙ染色体をグループ分けすることができる。それを「ハプロタイプ解析」（半数体の遺伝子型・ハプロイド　ジェノタイプ）と呼んでいる。Ｙ染色体ハプロタイプは現在ＡからＴまでのグループに分類されている。

アフリカで最初に誕生したグループがＡで、その子孫が地球に拡散した。

この時代に最初に東アジアに到達したグループとされるのが、ＣとＤであるが、初期の縄文人がＤ、後期の縄文人がＣとみなす研究者が多い。その後Ｆがコーカサス付近で誕生し、以降のグループはすべてこのＦに由来する。

この時期に東アジアに到達したのが、ＮとＯのグループである。東アジアはこのＯグループが圧倒的に多く弥生人のタイプとされる。特に中国ではＯグループが大半を占める。

これに対して中央アジアに到達したのがRグループである。中でもハプログループR1aはインド北部から中央アジア、東ヨーロッパに高頻度に見られる。

つまり月氏のハプロタイプはR1aの可能性がある。

近年ハプロタイプ解析はさらに細かく分類され、D1bとかO1b2という風に分離可能な限り細分化されたサブグループの解析が進んでいる。これは種族や地域がより絞られてきているということになる。

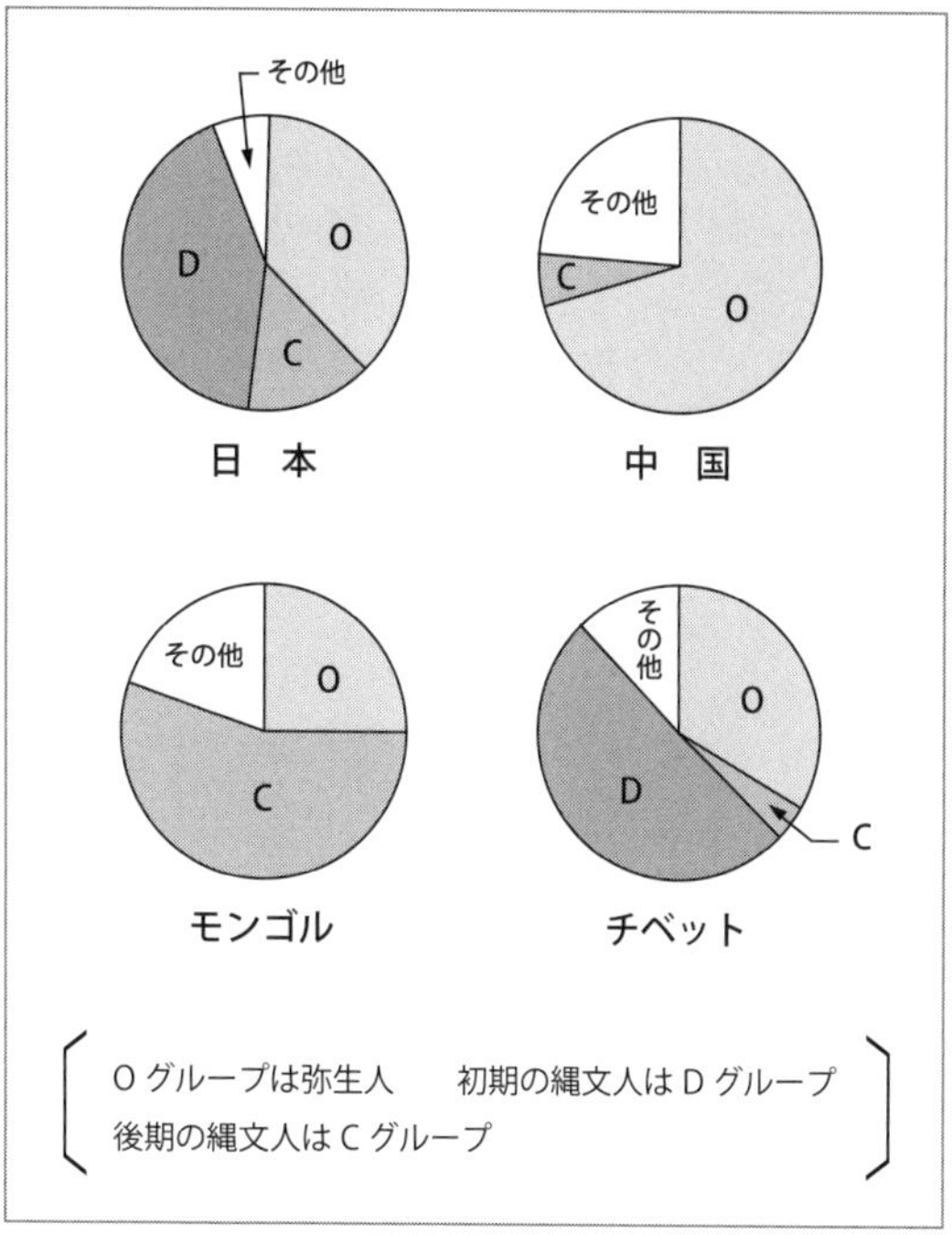

図 29　日本・中国・モンゴル・チベットの男性が持つＹ染色体ハプロタイプ（中田力『日本古代史を科学する』より作成）

ここに日本、中国、モンゴル、チベットの男性が持つY染色体ハプロタイプの各グループの占める割合を示すグラフがある。

この円グラフからみると、中国では弥生人と言われるOグループが7割を超え、後期の縄文人Cが1割ぐらいでその他のグループが2割ぐらいとなっている。

モンゴルではCの後期縄文人が6割を占め、弥生人が2・5割ぐらいである。

チベットでは初期の縄文人Dが5割を占め、弥生人Oも3割ぐらいである。

日本は初期縄文人Dと弥生人Oがそれぞれ4割程度、そこに後期縄文人Cが入る。Dグループが多いのは日本とチベットであるが、このハプログループDというのは東アジアの最古層のタイプといわれている。

Dタイプはチベット以外の中国では、雲南省のプミ族、貴州、広西省、雲南省のヤオ族、四川省の苗族や羌族に多く見られる。

このことは古くは中国南部から多くの人が日本にやってきている事を示しているが、同時にチベットも中国南部とのつながりが深いことを示している。（四川省の西半分はチベット人である。）またアイヌ人はほぼ9割の人がDタイプを示し、沖縄も約5割の人がDタイプを示す。これは日本における先住民であることの印と言えよう。

羌族のハプロタイプはD1a1yを示す人が20％～25％と言われているが、日本人とチベット人のハプロタイプはD1a2aであり、それぞれ40％と50％と言われている。サブグループで異なるのは古い時代では同族で時代が進むにしたがって分離したと考える。言い換えると縄文初期にはアイヌ、沖縄とともに中国南部～チベットから人がやってきており、彼らはハプロタイプDグループを構成していることになる。

Dとほぼ同じぐらいの割合であるのが、Oタイプの弥生人であるが、このうちO2（M122）系統は弥生人より新しい古墳人に属すると言われている。

こうしてみるとOタイプは短期間の間にDタイプと同じぐらいに増えたことになり、これも歴史的な事実に合致していると言えよう。

また、本書の主題である月氏はR1aの可能性があるとのべたが、月氏系人々の渡来は弥生時代のO型の時代であり、その数はOに比べてごく少数であったと考えられる。月氏系は基本は王族としての渡来であり、それは古代史の中で限られた期間であり、限られた人々であったのである。

ハプロタイプ解析は科学的な解析手法として、古代史の世界においても重要な情報をもたらすものであるが、一方で留意しなければならない点もある。

脳科学者で医師の中田力氏は「遺伝子解析と考古学」のなかで、「ハプロタイプ解析は正しく使えば革命的な情報である反面、複雑系と非線形解析を習得していない人達には誤解を与えやすく、間違った認識をもたらす可能性も、故意に悪用される可能性も、非常に高い方法論なのである。Y染色体ハプロタイプは人種の違いをあらわすものでも、またそれぞれの民族を作り上げる遺伝子プールを決定するものでもない。」と述べている。

古代史の分野も意味は異なるが複雑系の分野である。

極めて一般的な言い方をすれば、現在地球上で最も多くみられる系統は、東ユーラシア系であるOグループと、西ユーラシア系であるRグループである。Oグループの多い地域は東アジアで最も戦争の多かった中国を中心とする地域であり、日本も弥生時代から多くの人の交流があったことがわかる。

Rグループの多い地域はインド北部から中央アジア、東ヨーロッパでありメソポタミアも含まれる。これらの地域も古来より、常に覇権を争って戦争の絶えなかった地域であり、民族が拡散した地域である。

日本は弥生期以降多くの渡来人がやって来てOグループが拡散したが、民族が変わるような大規模な戦争はなかったため、長く縄文期のD・Cグループを残す国となったと思われる。

以上が筆者の古代史側からみた遺伝子の科学に対する参考意見である。

おわりに　～月と星と太陽と

農耕民族にとって太陽は自ずと信仰の対象となる。太陽の恵みによって作物が育ち生きる糧が得られるのである。日本の神々の中でも太陽は天照大神であり、神々の頂点に立つ。これに対し遊牧民族は月や星がその信仰の対象となる。中央アジアなどの遊牧民は太陽よりも月や星を敬う。灼熱の太陽よりも月や星のほうが遊牧民にとっては行動の指針となり、月を知恵や進歩のシンボルとみなし、願い事は星に祈ったのである。中央アジアではトルクメニスタン、ウズベキスタン、タジキスタンなどは月と星を国旗にしている。遊牧民族である突厥を出自とするトルコも然りである。また多くのイスラム国家は月と星を神聖なものとして国旗に採用している。

ここに月を民族の名前とした民族がある。月氏である。秦の時代、月氏は秦の北西部にあり、その東には匈奴、さらに東には東胡があった。月氏は西方から来た白人種である。月氏の西方は河西回廊を通り、城郭諸国のあるタリム盆地から西アジアにつながる。この道はシルクロードと呼ばれその中継基地として城郭諸国は東西交易の要所として栄えたのである。

東アジアにシルクロードの亀茲から来たという建国神話を持つ国がある。伽耶である。伽耶

（伽羅）は韓半島の南端にあった国であるが、なぜ遠く離れた中央アジアのタリム盆地からやってきたのか。そしてなぜ伽耶は日本のルーツではないかなどと言われるのか。日本の始祖王となっている神武は何処から来たのか。

これらの答えを仮説として述べたのが、本書である。

筆者は前著で、ユーラシア大陸東北部にあった満族の二つの国、高句麗と百済が倭国と呼ばれた日本において、熾烈な主導権争いを行い、応神以降は、百済と高句麗が、ほぼ代わる代わるに政権を取ったことを述べた。このことは、神代以来、他国に主権を奪われたことがないという歴史を教え込まれた方々にとっては、耐え難い暴論であるように思われた方も多かったのではないかと思う。

この度また本書では、伽耶という国が月氏の末裔であり、特に応神以前の王権と深くかかわり、古代の王権を担った可能性があること、そして彼らは遠く海の道を通ってインドからやってきたこと、そのことはユーラシア大陸の歴史の必然性から生まれたものであることを述べてきた。このこともまた従来の常識からすると、俄かに信じがたいものであるに違いない。

しかし日本の古代史はこの2点を理解しないと、正しい理解はできないということが、私の信念である。

冒頭に述べた通り、日本の古代史は日本国内で完結するものではなく、東アジアの範囲内で完結するわけでもない。中央・南・西アジアを含めたユーラシア大陸の歴史の中で初めて理解できるものである。

月氏は古代シルクロードの交易で栄えた歌舞の国の民族である。トカラ語という独自の言語を持ち、中国、ギリシャ、インドをはじめとする多くの国々との文化的融合を経た月氏は、当時、世界にもまれなグローバル民族であった。

その月氏の末裔がどのようにして古代日本と関わりあったのか、月氏の末裔とはだれなのか。本書を通じて古代日本の根幹にもつながる事柄に、読者自身がアプローチしていただければ、拙著を取り纏めた者として、この上ない喜びである。

本書の作成に当たっては、多くの先賢諸氏の研究成果から、限りなく貴重な示唆や情報、ご指導をいただいたことに、この場を借りて深く御礼申し上げ、終わりの言葉とさせていただきたい。

２０２３年　12月吉日　　三津正人

【主要参考文献】

『倭国伝　全訳注』藤堂明保・竹田晃・影山輝國（講談社学術文庫）
『馬・船・常民』網野善彦・森浩一（講談社学術文庫）
『古代朝鮮』井上秀雄（講談社学術文庫）
『日本書紀』坂本太郎・井上光貞・家永三郎・大野晋　校注（岩波文庫）
『日本書紀　全現代語訳』宇治谷孟（講談社学術文庫）
『古事記』倉野憲司　校注（岩波書店）
『日本古代史を科学する』中田力（ＰＨＰ文庫）
『ヤマト国家成立の秘密』澤田洋太郎（新泉社）
『広開土王の諡は仁徳天皇』小林惠子（現代思潮新社）
『蘇我氏の古代』吉村武彦（岩波新書）
『蘇我氏と飛鳥』遠山美都男（吉川弘文館）
『倭王の軍団』西川寿勝・田中晋作（新泉社）
『伽耶は日本のルーツ』澤田洋太郎（新泉社）
『渡来氏族の謎』加藤謙吉（祥伝社）
『倭国と渡来人』田中史生（吉川弘文館）

『古代天皇の誕生』吉村武彦（角川書店）
『敗者の古代史』森浩一（中経出版）
『倭の五王』森公章（山川出版社）
『図説ユニバーサル世界史資料』（帝国書院）
『ユーラシア帝国の興亡』クリストファー・ベックウィズ／斎藤純男訳（筑摩書房）
『古代メソポタミア全史』小林登志子（中公新書）
『日本人だけが知らない「本当の世界史」・古代編』倉山満（PHP文庫）
『「馬」が動かした日本史』蒲池明弘（文藝春秋）
『継体天皇と朝鮮半島の謎』水谷千秋（文藝春秋）
『アイヌ学入門』瀬川拓郎（講談社現代新書）
『邪馬台国は「朱の王国」だった』蒲池明弘（文藝春秋）
『卑弥呼の陵墓　江田船山古墳の真実』荒木信道（幻冬舎ルネッサンス）
『ヤマト国家は渡来王朝』澤田洋太郎（新泉社）
『聖徳太子』大平聡（山川出版社）
『海を渡ってきた古代倭王』小林惠子（祥伝社）
『古代史の先駆者　喜田貞吉』山田野理夫（農村漁村文化協会）
『県犬養橘三千代』義江明子（吉川弘文館）

『古墳時代の猪名川流域　猪名川流域に投影された畿内政権の動静』（池田市立歴史民俗資料館）
『日本の古代史　本当は何がすごいのか』武光誠（育鵬社）
『つくられた縄文時代　日本文化の原像を探る』山田康弘（新潮社）
『日本古代新史』古田武彦（新泉社）
『日本人の正体』林順治（三五館）
『倭の正体　見える謎と見えない事実』姜吉云（三五館）
『古代日本「謎」の時代を解き明かす』長浜浩明（展転社）
『神社の起源と古代朝鮮』岡谷公二（平凡社）
『ヤマト王権と十大豪族の正体』関裕二（ＰＨＰ文庫）
『史記』司馬遷／奥平卓・久米旺生　訳（徳間書店）
『天皇はいつから天皇になったか？』平林章仁（祥伝社）
『江南の発展　南宋まで』丸橋充拓（岩波書店）
『邪馬台国とヤマト王権　卑弥呼の「鏡」が解き明かす』藤田憲司（えにし書房）
『穴師兵主神の源流　海東の古代史を繙く』皆神山すさ（彩流社）
『出雲神話の謎を解く』澤田洋太郎（新泉社）
『息長氏　大王を輩出した鍛冶氏族』宝賀寿男（青垣出版）
『「日本＝百済」説』金容雲（三五館）

『近江にいた弥生の大倭王』千城央（サンライズ出版）
『巨大古墳の出現』上田正昭・一瀬和夫・田中俊明・菱田哲郎（文英堂）
『天武天皇と持統天皇』義江明子（山川出版社）
『古代史15の新説　15人の著者による最新研究の成果に迫る』（宝島社）
『古代史の謎は「海路」で解ける』長野正孝（ＰＨＰ研究所）
『邪馬台国は福岡県朝倉にあった!!』安本美典（勉誠出版）
『研究最前線　邪馬台国』石野博信・高島忠平・西谷正・吉村武彦（朝日新聞出版）
『倭国』岡田英弘（中央公論新社）
『アイヌと縄文』瀬川拓郎（筑摩書房）
『風土記の世界』三浦佑之（岩波書店）
『六国史　日本書紀に始まる古代の「正史」』遠藤慶太（中央公論新社）
『激変！　日本古代史』足立倫行（朝日新聞出版）
『戦争の日本古代史』倉本一宏（講談社）
『アマテラスの誕生』溝口睦子（岩波書店）
『謎の古代豪族葛城氏』平林章仁（祥伝社）
『謎の九州王権』若井敏明（祥伝社）
『出雲と大和　古代国家の原像をたずねて』村井康彦（岩波書店）

『古事記を読みなおす』三浦佑之（筑摩書房）
『古墳の古代史』森下章司（筑摩書房）
『古代史の真相』黒岩重吾（ＰＨＰ研究所）
『地図で読む日本の古代史』「歴史ミステリー」倶楽部（三笠書房）
『萬葉集に歴史を読む』森浩一（筑摩書房）
『万葉集』佐竹昭広・山田英雄・工藤力男・大谷雅夫・山崎福之　校注（岩波書店）
『地形と海路から解き明かす！あなたの知らない古代史』（辰巳出版株式会社）
『ニギハヤヒと「先代旧事本紀」』戸矢学（河出書房新社）
『古事記を旅する』三浦佑之（文春文庫）
『ヒルコ　棄てられた謎の神』戸矢学（河出書房新社）
『三国倭史』若林啓文（東洋出版）
『愚管抄を読む』大隅和雄（平凡社）
『稲と鳥と太陽の道』萩原秀三郎（大修館書店）
『古文書の語る日本史　飛鳥・奈良編』黛弘道（筑摩書房）
『スキタイと匈奴　遊牧の文明』林俊雄（講談社）
『シルクロードと唐帝国』森安孝夫（講談社）

（論文他）
「ツングース文化と日本文化の比較研究」王辰（２０１６）
「古代東アジアにおける倭と加耶の交流」国立歴史民俗博物館国際シンポジウム（２００４）
「古墳時代に於ける伽耶と日本の交流に関する基礎的研究」（共同研究）白石太一郎他（２００４）
「マロ塚古墳出現の背景」杉井健（２０１２）
「小札鋲留衝角付冑の変遷とその意義」鈴木一有（２０１２）
「壁画四神図の比較分析—竹原古墳壁画の再検討—」基峰修（２０１８）
「巴形銅器からみた弥生・古墳社会の特質—変革期に着目して—」川北奈美（２０１８）
「楯築弥生墳丘墓の画期」乗岡実（岡山市教育委員会）（２０１９）
「筒形銅器の生産と流通」岩本崇（２００６）『日本考古学第22号』より
「武寧王陵出土鏡と七子鏡」樋口隆康（京都大学）（１９７２）
「〈研究〉高句麗の墓制に就いて」梅原末治（１９３９）京都大学学術情報リポジトリより
wikipedia〝近代以前の日本の人口統計〟
https://ja.wikipedia.org/wiki/%E8%BF%91%E4%BB%A3%E4%BB%A5%E5%89%8D%E3%81%AE
%E6%97%A5%E6%9C%AC%E3%81%AE%E4%BA%BA%E5%8F%A3%E7%B5%B1%E8%A8%88

三津　正人（みつ まさと）

1947年大阪生まれ。1970年北海道大学農学部卒業。
退職後、独学で古代史の研究に取り組む。自称「古代史老人」。
著書；「満の国」からの渡来人 〜死闘を繰り広げた渡来人の軌跡〜

月氏の末裔　ユーラシア大陸史のなかの古代日本

2024年6月2日　第1刷発行

著　者　　三津正人

発行人　　大杉　剛
発行所　　株式会社 風詠社
〒553-0001　大阪市福島区海老江 5-2-2 大拓ビル 5 - 7 階
Tel 06（6136）8657　https://fueisha.com/
発売元　　株式会社 星雲社（共同出版社・流通責任出版社）
〒112-0005　東京都文京区水道 1-3-30
Tel 03（3868）3275
印刷・製本　シナノ印刷株式会社

ISBN978-4-434-33943-1 C0021